W0377091

07/10/12
GUEST

WE CALL BS.
#NEVER AGAIN
$1.05
GUEST
MARCH FOR OUR LIVES
PROGRAM

DAVID HOGG LAUREN HOGG

#NEVER AGAIN

DAS MANIFEST EINER REBELLION

Aus dem Amerikanischen
von Leena Flegler und
Henriette Zeltner

btb

DIESES BUCH IST DEN SIEBZEHN
TOTEN AUS PARKLAND GEWIDMET.
UND DEN OPFERN VON
WAFFENGEWALT ÜBERALL.

WIR WERDEN SIE NIE VERGESSEN.

INHALT

1.

VALENTINSTAG

Wenn du die Augen aufschlägst und der Albtraum trotzdem nicht aufhört, bleibt dir nichts anderes übrig, als etwas zu unternehmen. Unsere vorrangige Aufgabe ist jetzt, uns zu erinnern. Die zweitwichtigste Aufgabe ist zu handeln. Erinnern, handeln und wieder von vorn. Seit jenem Tag ist niemand von uns mehr der Alte. Aber wir sind am Leben. Und im Gedenken an all diejenigen, die gestorben sind, werden wir uns für den Rest unseres Lebens erinnern, und wir werden handeln.

Man hat uns immer erzählt, dass es für uns US-Amerikaner nichts gebe, was wir nicht bewältigen könnten; sofern wir es uns nur fest genug vornähmen, könnten wir alles erreichen. Alles – nur unser Problem mit der Waffengewalt, das können wir nicht lösen. Sobald die Rede darauf kommt, heißt es: »Oh Mann, das ist schrecklich. Echt schlimm, dass wir nichts dagegen tun können.« Als handelte es sich um höhere Gewalt oder eine Naturkatastrophe – etwas, was nicht in unseren Händen liegt und dem wir hilflos zusehen müssen. Etwas, das sich aller Logik und Vernunft widersetzt.

Wir leben in Florida; Naturkatastrophen sind hier keine Seltenheit. Was am Valentinstag 2018 passiert ist, war keine

Naturkatastrophe, kein Akt höherer Gewalt. Was an jenem Tag passiert ist, war menschengemacht – was im Umkehrschluss bedeutet, dass wir als Menschen etwas dagegen tun können.

Unsere Generation ist dazu *verpflichtet,* etwas dagegen zu tun.

Wir hatten im Unterricht mal das Thema Entropie, und man könnte fast sagen, dass an jenem Tag etwas über unsere Schule hereingebrochen ist, das ebenfalls zu Unordnung führte. Aber seit dem Amoklauf stellen wir fest, dass aus diesem Chaos heraus etwas Machtvolles entstanden ist. Unser Universum strebt nach dem Zustand der Entropie, während die Geschichte allen Lebens und der menschlichen Zivilisation eher dem Kampf gegen die Entropie gleichkommt – dem Streben nach Zusammenhalt statt nach um sich greifendem Chaos. Dem Bedürfnis zusammenzuarbeiten, anstatt einander zu bekämpfen. Zu lieben statt zu hassen.

Aber ich greife vor.

Ich kann nicht für alle sprechen. Wäre ich immer noch mein Freshman- oder Sophomore- oder Noch-ein-Halbjahr-Junior-Ich, würde ich mich jetzt hinstellen und zu großen Erklärungen ansetzen. So anmaßend und so übertrieben selbstsicher war ich damals und bin es womöglich bis zu einem gewissen Grad immer noch. Aber wenn ich eines aus dem Amoklauf gelernt habe, dann dass mein Freshman- oder Sophomore- oder Noch-ein-Halbjahr-Junior-Ich an jenem Tag nicht hätte überleben können. Und genau das ist der Ausgangspunkt für dieses Buch: Wir mussten alle unser

Leben retten, und wir mussten alle unsere ganz eigenen Antworten auf das finden, was passsiert war – aber wie sich herausstellte, waren sie alle Spielarten ein und derselben Antwort. Genau deshalb hat uns der Amoklauf stärker gemacht, anstatt uns zu vernichten.

Ich könnte also hier stehen und die heldenhafte Geschichte eines Teenagers erzählen, der so cool war und so leidenschaftlich für Recht und Gerechtigkeit eintreten wollte, dass er seine Kamera zückte, während der Attentäter noch um sich schoss. In Wahrheit musste ich an etwas denken, worüber ein Lehrer nur Tage zuvor gesprochen hatte: dass im Lauf der Geschichte Milliarden Menschen auf diesem Planeten gelebt hätten, sich die Welt aber nur an einige Hundert von ihnen erinnere. Sprich: Alle anderen sind bloß Komparsen, die dem Vergessen anheimfallen. Mein Lehrer sprach in diesem Zusammenhang von Demut, aber dafür bin ich zu stur und ichbezogen. Meine Überlegungen gingen eher in diese Richtung: »Wird aus mir auch bloß ein Komparse? Läuft wirklich alles nur darauf hinaus? Auf eine Kugel im Kopf?« Mein Entschluss lautete: »Okay, ich mag vielleicht bloß ein Komparse sein, aber wenn ich schon sterben muss, dann will ich noch eine verdammte gute Geschichte erzählen, die die Leute sich anhören werden.«

Deshalb habe ich bei meiner Handykamera auf Aufnahme gedrückt. Ich war quasi in die Rolle des Kriegsreporters in einem Krisengebiet geschlüpft, der seine Fragen stellen und sich nur auf eine simple Sache konzentrieren muss. So habe ich Ruhe bewahrt. Und um ehrlich zu sein – abgesehen von dem Bruchteil einer Sekunde, als ich kurz Angst hatte, dachte ich wirklich, es wäre ein Probealarm. Und selbst als mir klar wurde, dass das nicht stimmte, hatte ich immer noch Schwierigkeiten, die Echtheit des Ganzen anzuerkennen. Ganz ehrlich? Ich glaube nicht, dass es sich für mich jemals echt anfühlen wird.

Und jetzt kommt etwas Wichtiges: Lauren, meine Schwester, die bei dem Amoklauf vierzehn war, ist weder stur noch ichbezogen. Nachdem alles vorbei war, heulte sie derart hysterisch, dass ich nur noch weg von ihr wollte. Freundinnen von ihr waren ermordet worden, und ich ertrug das Gefühl nicht, nichts tun zu können, um den Schmerz meiner Schwester zu lindern. Man könnte fast sagen, dass diese ganze Bewegung in dem Moment ihren Anfang genommen hat, zumindest für mich: als ich versuchte, meiner Schwester aus dem Weg zu gehen.

Aus genau diesem Grund wusste ich auch, dass ich dieses Buch nicht allein würde schreiben können. Also mache ich hier einen Punkt und gebe an sie weiter.

Also, am besten fange ich an mit dem Tag, an dem alles passierte. Es war der 14. Februar, Valentinstag. Wenn ich die Grundstimmung beschreiben müsste, die *davor* herrschte, würde ich sagen, es war ein rundum toller Tag: Alle waren einfach nur fröhlich, verschenkten Pralinen und Blumen und umarmten sich, es war, als würde ein Strahlen durch die ganze Schule gehen. Ich weiß noch, dass ich zu meinen Freundinnen sagte: »Wenn ich noch ein einziges Pärchen sehe, das sich für später verabredet, oh Gott, dann muss ich echt kotzen.«

Als der Alarm losschrillte, saß ich in meinem Medientechnik-Kurs, die letzte Stunde an diesem Tag. Wir hatten am Morgen schon einen Probealarm gehabt, insofern dachten wir noch, da hätte sich jemand zum Valentinstag einen Scherz erlaubt. Alle lachten, und wir ließen uns Zeit damit, unsere Sachen zusammenzupacken. Ich weiß noch, dass ich meinen Freund Sam anschnauzte, er solle schneller machen, weil er besonders lang brauchte, und es ist schon komisch, wenn ich mir vorstelle, dass auf der anderen Seite des Schulgeländes da schon die Hölle los war.

Mir dämmerte irgendwie, dass etwas faul war, als wir die Treppe runterkamen, weil ich durchs Fenster über den Buswendeplatz sah und dort irre viel los war – bis ich erkannte, dass da Kinder davonrannten. Ein Blick in die Gesichter, und mir war klar, dass etwas nicht stimmte. Ich kann es wirklich nicht anders ausdrücken, aber es war wie im Kino: Alles wirkte wie ausgeleuchtet. Allerdings hatten die Lehrer uns auch erzählt, dass uns demnächst eine Amokübung bevorstünde mit Platzpatronen und Schauspielern, die hin und her rennen, und Kindern, die so tun, als würde auf sie geschossen und so weiter, und entsprechend lachten die Kids um mich herum und machten Witze mit ihren Freunden. Trotzdem war mir insgeheim klar, dass irgendwas komplett verkehrt war. Die Gesichter dieser Kinder … ihr Gesichtsausdruck … es war einfach nur furchtbar. Ich weiß auch noch, wie ich hinten am Ende des Flurs noch mehr Kids gesehen habe, die mit ihren Rosen und Pralinen wegrannten. Mädchen schrien, und Jungs heulten. So etwas hatte ich noch nie gesehen. Um mich herum dachten sie immer noch, das alles wäre ein Witz, aber irgendwie wusste ich genau, dass etwas nicht stimmte. Also schnappte ich mir meine vier besten Freunde aus dem Kurs, und als die immer noch lachten und rumalberten, weiß ich noch, wie ich sie angeschrien habe: »Leute, irgendwas ist da passiert!«, und wie sie bloß sagten: »Lauren, das ist nicht echt, das ist nur ein Probealarm.«

Trotzdem hatte ich eine Heidenangst. Ich erinnere mich noch daran, wie ich mich umgesehen und die Umgebung genau in Augenschein genommen habe, weil unser Dad beim FBI arbeitet und schon mehrere Schießereien erlebt hat. Deshalb sagen unsere Eltern auch jedes einzelne Mal, wenn wir ins Kino gehen oder zum Shoppen, dass wir uns auch ja nach den Notausgängen umsehen und für den Fall, dass etwas passiert, gleichmäßig atmen sollen. »Versucht, so entspannt wie möglich zu bleiben, um nicht in Panik zu geraten.«

Ich bin 2003 zur Welt gekommen, also war das Schulmassaker an der Columbine High School vor meiner Zeit, der 11. September war vor meiner Zeit, und ich bin seit dem Kindergarten mit sogenannten Code Red Drills groß geworden. Meine Generation ist darauf trainiert, auf derlei Ereignisse zu reagieren.

Entsprechend verfiel ich in diesen merkwürdigen Ruhemodus, obwohl ich sonst immer der echt ängstliche Typ bin. Ich habe mich einfach nur darauf konzentriert, wieder zurück in den Medientechnik-Raum zu kommen, weil ich wusste, dass wir dort am sichersten wären. So schnell ich konnte, versuchte ich, die Treppe wieder hochzurennen, aber die ganzen Juniors und Seniors riefen: »Hört auf rumzustressen, Leute, es ist alles in Ordnung.« Als ich endlich fast dort war, sah ich die Schulbibliothekare auf dem Flur, und auf einmal plärrten ihre Walkie-Talkies los, und sie hörten sich irgendwas an, und dann sah ich nur noch, wie sie kreideweiß wurden und einer anfing zu schreien: »Code Red! Code Red! Sofort alle zurück in die Klassenzimmer!«

Nur dachten die Kids immer noch, es wäre nicht echt. Sie *lachten.* So sehr waren wir an diese Drills gewöhnt. Oder vielleicht war es auch so, dass das Hirn einfach nicht glauben kann, was es nicht glauben will. Wir liefen zurück zu unserem Raum. Mein Lehrer hatte mal gesagt, wenn etwas vorfallen sollte, müssten wir uns ins hinterste Zimmer zurückziehen, was in der Medientechnik das kleine Studio ist, in dem die Aufnahmen gemacht werden. Wir versuchten also, die Tür aufzureißen, aber aus irgendeinem Grund war sie verschlossen. In diesem Moment haben die paar von uns, die schon ahnten, dass der Alarm echt war, allmählich die Nerven verloren. Wir rannten zum Lehrerpult und fingen an, die Schubladen nach einem Schlüssel zu durchwühlen. Dann kam endlich Mr. Garner, unser Lehrer, und teilte uns mit: »Leute, das hier ist ernst.«

Wir schlossen die Tür auf, und sämtliche Kids stürmten den winzigen Raum. In meinem Gehirn legte sich ein Schalter um, und ich hatte nur noch einen Gedanken: den sichersten Ort zu finden. Ich schnappte mir meine vier Freunde. »Leute, kein Scheiß, wir müssen uns verstecken.« Es gibt da diese kleine Nische, und dort schlüpften wir hinter die

Bretter, aus denen Nägel ragten. Zu diesem Zeitpunkt standen wir allesamt unter Schock. Wir konnten uns nicht annähernd vorstellen, was da vor sich ging, wir hatten einfach nur eine Heidenangst und versuchten, so leise wie möglich zu sein. Allerdings waren da auch zwei Schüler, die immer noch an einen Fehlalarm glaubten und die immer noch lachten. Am liebsten hätten wir sie angeschrien, dass sie still sein sollten, aber das wäre natürlich kontraproduktiv gewesen, weil der Amokläufer uns schreien gehört hätte, wenn er auf unserem Flur gewesen wäre.

Am schlimmsten war es – zumindest für mich –, als die ersten Nachrichten eingingen. *Oh Gott, was sind das für Geräusche?*, lautete eine. *Klingt, als würde jemand um sich schießen.* Und die nächste: *Hier rennt jemand mit einem Gewehr über den Flur und schießt. Hab euch lieb, Leute.* Und jemand anderes schrieb: *Jemand schießt in unser Klassenzimmer, alles voller Rauch, total dicht.* Als Nächstes kamen Videos mit Leuten, die schwerverletzt am Boden lagen, die verbluteten, und niemand hätte sagen können, um wen es sich handelte, weil alles verwackelt war und ihnen die Haare ins Gesicht gefallen waren.

Dann war es einem der Kids gelungen, auf dem Handy die Nachrichten aufzurufen, und wir starrten die Hubschrauberaufnahmen von Kindern an, die aus unserer Schule flüchteten. Die Eilmeldung lautete: *Schießerei in der Stoneman Douglas High School, Parkland, Florida – Verletzte.* Ich kauerte mit meinen Freunden in unserem Versteck, wir hielten uns an den Händen, und ich weiß noch, wie mein Freund Sam immer wieder sagte: »Wir werden wieder nur eine Nummer sein. Ich will keine weitere Nummer werden.« Andere sagten: »Glaubt ihr, das hier kommt überhaupt im Fernsehen?« Zu dem Zeitpunkt wussten wir nicht, wie viele Menschen gestorben waren. Trotzdem – diese Gesichter, und dass wir unseren Eltern schreiben mussten: *Ich liebe euch, haben einen Code Red, jemand läuft Amok in der Schule* – das war einfach nur schrecklich. Einige der Kinder hatten nie zuvor miteinander gesprochen und hielten sich jetzt an den Händen und flüsterten einander zu: »Ich hab euch lieb.« Ich konnte sehen, wie meine Freunde weinten und versuchten, dabei keinen Mucks von sich zu geben und nicht laut loszuschreien oder zu wimmern, damit der Attentäter uns nicht aufspürte. Als ich gerade meiner Familie schreiben wollte, gab mein Handy den Geist auf, was ganz fürchterlich war.

Drei Stunden lang kauerten wir auf engstem Raum zusammen, saßen einfach nur da, hielten uns an den Händen und wussten weder, was wir tun sollten, noch was draußen vor sich ging. Über unseren Gruppen-Chat strömten die Nachrichten in unser Versteck: *Oh mein Gott, jetzt schießt er bei uns auf dem Gang!* Eine andere Nachricht lautete: *Er schießt in unser Zimmer … Hab euch lieb, Leute … Sagt meinen Eltern, dass ich sie liebe.* Und: *Oh Gott, unser Lehrer ist tot, verblutet auf dem Boden.* Die schlimmste war: *Oh mein Gott, Alyssa ist tot.*

Alyssa war meine Freundin.

Irgendwann hörten wir, wie jemand unseren Flur entlangrannte. Wir glaubten natürlich, dass es der Amokläufer war, weil so viele Gerüchte die Runde machten – es seien drei Attentäter, sie seien in diesem Gebäude, in jenem Gebäude ... Einige Kids sahen einfach nur schockstarr aus, andere fingen an, sich in die Ecke zu quetschen, in der wir uns versteckt hatten, sie kletterten auf uns drauf – und zwar gleich so viele von ihnen, dass sie Aufnahmegeräte umstießen, die auf uns runterkrachten. Diese Kinder waren sich sicher, dass sie gleich sterben müssten, und wir versuchten verzweifelt, sie am Schreien zu hindern.

Dann hörten wir, wie jemand gegen die Tür hämmerte, und wir hatten nichts als blanke Angst. Sekunden später traten sie die Tür ein und brüllten: »SWAT! SWAT!« Wir sollten aus unserem Versteck herauskommen und unsere Sachen nehmen und mit erhobenen Händen in einer Reihe hintereinander nach draußen laufen.

Ich weiß noch, wie ich mit den Händen über dem Kopf raus bin und pure Todesangst hatte. Dann dieser Gesichtsausdruck meines Lehrers, der abzählte, ob auch alle da waren. »Alles gut, Lauren«, sagte er, »ihr seid in Sicherheit, es ist vorbei.« Und einfach nur, wie er versuchte, mich zu beruhigen ... Es war so furchtbar und surreal. Es fühlte sich an, als wären wir in einem Film gelandet. Insofern kann ich sogar irgendwie verstehen, dass diese Verschwörungstheoretiker behaupten, das alles wäre nur inszeniert und wir wären alle Schauspieler gewesen. Es ist einfach unfassbar schwer zu glauben, dass so etwas wirklich geschieht – selbst wenn es dir am eigenen Leib widerfährt.

Als wir das Gebäude verließen, zählten sie wieder durch – »Bist du verletzt? *Bist du verletzt?*« Dann gaben sie uns Nummern. Ich war die 91. Allein zu wissen, dass ich Nummer 91 war, dass das meine Nummer war, und mich wieder daran zu erinnern, wie ausgelassen wir gewesen waren, bevor das hier losgegangen war, fühlte sich vollkommen bizarr und irreal an. Und dann sollten wir uns schon wieder mit erhobenen Händen in einer Reihe aufstellen und die Schule verlassen. Und als wir dann fast draußen waren, den letzten Flur geschafft hatten, schrien sie plötzlich: »Rennt los! Rennt los! Rennt!« Wir wussten immer noch nicht, was los war, wir wussten nicht, ob es noch weitere Schützen gab, also rannten wir mit unseren Rucksäcken auf dem Rücken und den Händen über dem Kopf los, rannten buchstäblich um unser Leben und versuchten zu sehen, wer da war und wer von unseren Freunden fehlte … Und das Allerschlimmste – nein, darüber will ich jetzt noch nicht sprechen.

Als wir den Parkplatz erreichten, kamen aus sämtlichen Richtungen Eltern angerannt, die wissen wollten, ob es ihren Kindern gut ging. Ich entdeckte meinen Dad, und das war das beste Gefühl überhaupt. Allerdings drehte ich in diesem Moment auch vollends durch. Ihn einfach nur zu umarmen und zu wissen, dass es an diesem Morgen, als ich mich von ihnen verabschiedet habe, das letzte Mal hätte sein können, dass ich sie sehe – und dann all die anderen Eltern, die nicht wussten, ob ihre Kinder noch am Leben waren … Nicht nur wir Kids waren an diesem Tag um unser Leben gerannt, sondern auch unsere Eltern. So hilflos, wie ich mich fühlte, konnte ich mir nicht ansatzweise ausmalen, wie sich die Eltern fühlten. Alles wirkte wahnsinnig gleißend, heiß und laut, all die Krankenwagen und Rettungsfahrzeuge der Feuerwehr und Streifenwagen und Kinder, die in die Rettungswagen gehoben wurden, machten diese entsetzlichen Geräusche … Mein Dad heulte wie ein Schlosshund und sagte nur: »Ich liebe dich, Lauren«, immer und immer wieder: »Ich hab dich so lieb … Ich bin so froh, dass du da bist.«

Das Allerschlimmste? Das war, als ich heimkam. Als die Wucht dessen, was da passiert war, mich mit aller Macht traf. Ich weiß, es klingt komisch, weil ich es nach Hause geschafft hatte und in Sicherheit war, aber ich wollte sehen, was an der Schule los war. Meine Eltern liefen in Davids Zimmer, weil sie mit ihm noch gar nicht gesprochen hatten, also stand ich auf und zappte zu den Nachrichten. In diesem Moment habe ich die Gesichter gesehen – wie sonst, wenn andere schreckliche Dinge passieren und man die Opfer sieht und denkt: »Oh, wie furchtbar, diese armen Leute.« Wenn das im Fernsehen aber plötzlich die Gesichter deiner Freunde sind und du hörst, dass sie für tot oder vermisst erklärt werden – vermisst, sagten sie, aber mir war klar, dass sie nicht vermisst waren, sie waren gestorben … In diesem Augenblick ist etwas in mir zerbrochen. Ich schrie wie am Spieß und heulte wie eine Besessene, weil gerade zum ersten Mal in meinem Leben der Tod für mich greifbar geworden war. Und es war nicht nur der Tod – es war Mord, *Massenmord.* Meine Mom meinte, der Laut, der aus meinem Mund kam, sei »unmenschlich« gewesen, sie versuchte sogar, mir einen Fingerbreit Whiskey einzuflößen, weil sie nicht wusste, was sie sonst hätte tun sollen.

Als Nächstes erklärte David, dass er zur Schule zurückfahren werde. Ich weiß, er behauptet, es sei wegen meines Geheuls gewesen, aber er ist mein großer Bruder und hat immer versucht, mich zu beschützen. Ich glaube, dass auch er sich hilflos gefühlt hat und damit nicht umgehen konnte – er ist der Typ, der Sachen anpackt und zur Tat schreitet. Außerdem arbeitet er als Schulreporter, insofern wusste er, wie es höchstwahrscheinlich laufen würde. »Ich muss los«, sagte er nur. »Ich muss diesen Journalisten erzählen, was passiert ist.« Und meine Eltern haben ihn regelrecht festgehalten und versucht, dies zu verhindern. Mein Vater hielt die Tür zu und sagte: »Wir verbieten dir, zurück zur Schule zu fahren.« Aber David war fest entschlossen. »Dad«, sagte er. »Ich muss das machen. Wenn die jetzt keine Story kriegen, dann wird das einfach versanden. Ich muss dafür sorgen, dass das in den Nachrichten bleibt.« Am Ende gaben meine Eltern sich mehr oder weniger geschlagen. »Aber wir fahren dich nicht.« Und David erwiderte nur: »Gut, dann nehme ich mein Fahrrad.«

Und so hat alles angefangen.

Bevor wir weitermachen, muss ich Lauren kurz unterbrechen, weil ich glaube, dass dieser letzte Satz es nicht ganz trifft. Von meiner Warte aus war es eher so, dass ich an jenem Abend vor laufenden Kameras eine Menge Dinge gesagt habe – ich habe nur noch eine vage Erinnerung daran, das meiste weiß ich heute nicht mehr. Aber all diese Nachrichtenleute brachten ein und denselben O-Ton: »Wir sind die Kinder, ihr seid die Erwachsenen. Bitte tut etwas.« Als ich das sagte, habe ich an Lauren gedacht. Es ist fast, als wäre ich so betäubt und rasend vor Wut gewesen, dass sie für mich mitfühlen musste.

Man könnte insofern sagen, dass alles anfing, als sie vor unserem Fernseher heulte, aber auch das ist nicht wahr. Wut bringt einen in Fahrt, hält einen aber nicht in Bewegung, daher bin ich mir ziemlich sicher, ich wäre nach ein paar Tagen oder Wochen ausgebrannt gewesen. Wirklich angefangen hat es zwei Tage später zu Hause bei Cameron Kasky. So gut kannte ich ihn gar nicht, aber er hatte ein paar ganz fantastische Leute zu sich eingeladen, und auch einige andere waren so voller Tatendrang, dass sie einfach dort aufkreuzten. Das waren: Delaney Tarr, Ryan Deitsch, Jaclyn Corin, Sarah Chadwick. Und Emma González – die dafür sorgt, dass wir alle nicht den Verstand verlieren.

Genau deshalb habe ich vorweggeschickt, dass ich nur für mich und nicht für alle sprechen kann. Lauren und ich wollen unsere Geschichte erzählen und schildern, wie wir zu Menschen heranwuchsen, die spürten, dass sie etwas unternehmen mussten – und dass sie etwas unternehmen *konnten*. Wir sind der festen Überzeugung, dass diese Geschichte wichtig ist, und wir hoffen, dass es euch neue Sichtweisen eröffnet, wenn ihr die Dinge durch unsere Augen betrachtet – im Grunde weil niemand von uns dies hier allein schaffen kann und wir euch brauchen. Nun sind wir aber alle grundverschieden. Selbst zum Thema Waffengesetze haben wir unterschiedliche Ansichten. Wir haben einzig und allein gemein, was Lauren eingangs gesagt hat: Wir sind alle nach Columbine geboren, wir sind mit Sandy Hook und Terroranschlägen und Code-Red-Amokübungen aufgewachsen.

Wir sind zur Angst erzogen worden.

Und wir sind es leid, Angst zu haben.

2.

CANDY CANE LANE

Warum wir? Warum jetzt? Nach so vielen Schulmassakern, nach denen die Leute einfach achselzuckend zur Tagesordnung übergegangen sind oder mit ihren »Gedanken und Gebeten« ihre Anteilnahme bekundet haben und danach zur Tagesordnung übergegangen sind. Wie kam eine Gruppe Teenager von der Marjory Stoneman Douglas High School da auf den Gedanken, dass sie tatsächlich etwas verändern könnten?

Diese Fragen kriegen wir andauernd gestellt. Cameron hat den Begriff »Generation der Schulmassaker« ins Spiel gebracht, ein Aspekt, der sicher wichtig ist. Ein anderer ist, dass wir in einer Zeit aufwachsen, in der die Technologie uns Dinge tun und die Welt auf eine Weise begreifen lässt, wie das noch nie möglich war. Dafür brauchen wir keine Erlaubnis. Die Stoneman Douglas spielt auch eine große Rolle, denn die Lehrkräfte dort legen so immensen Wert darauf, dass wir uns mit den echten Problemen der Welt von heute auseinandersetzen. Daher wussten wir schon eine Menge über politische Zusammenhänge oder über gesellschaftliche Probleme und gingen einfach davon aus, dass wir in dieser Hinsicht etwas ausrichten könnten. Nicht zu vergessen unsere privilegierte Herkunft. Wir sind hauptsächlich Kinder aus der weißen Mittelschicht mit ziemlich hohen Erwartungen an uns und an die Gesellschaft; wahrscheinlich höher als die meisten Leute in unserem Alter. Aber wir alle bringen auch viele wirklich persönliche Gründe mit, und vielleicht sind das die wichtigsten Gründe überhaupt.

Für Lauren und mich spielte es eine große Rolle, dass wir in Kalifornien aufgewachsen sind. Wir wohnten in einer Kleinstadt an der Küste, etwa zehn Meilen südlich des LAX, dem internationalen Flughafen von Los Angeles. Einem in jeder Hinsicht ganz gewöhnlichen Ort – abgesehen von unserem Viertel. Alle Straßen dort sind nach den Kindern des Stadtplaners benannt, unsere jedoch trug einen Weihnachtsnamen – Candy Cane Lane, also Zuckerstangenweg. Jeden Dezember drehten unsere Nachbarn durch: Ihre Weihnachtsdekoration endete nicht dort, wo ihr Garten aufhörte, sondern erstreckte sich über die Straße, und Lichterketten hingen bis hinauf in die Bäume. Eltern aus ganz Los Angeles kamen mit ihren Kindern, um sich das anzusehen. Tausende Leute spazierten jeden Abend vor unseren Fenstern vorbei. Wenn man weit genug oben war, um darauf herunterzuschauen – ich mochte es schon immer, etwas von oben zu betrachten und versteckte Muster zu erkennen –, dann muss unsere Straße ausgesehen haben wie eine einzige riesige Weihnachtsdekoration. Oder wie ein Nervensystem mit einer Entzündung an einer Stelle.

In Laurens Erinnerung war es magisch. Wann immer wir darauf zu sprechen kommen, ist das Erste, was sie erwähnt, die selbst gemachte Weihnachtsdeko meines Vaters in unserem Vorgarten. Dazu muss man wissen, dass es in unserem Haus, als wir einzogen, ungefähr ein Dutzend Deckenventilatoren gab, die meine Eltern sofort abmontieren ließen. Aber weil unser Dad so ist, wie er nun mal ist (und noch dazu ein ehemaliger Hubschrauberpilot der Navy), brachte er es nicht übers Herz, sie einfach zu entsorgen. Er ist ziemlich sparsam. Also, ehrlich gesagt, sehr, sehr sparsam. Also baute er daraus diese Helikopter, setzte Plüschtiere hinein und hängte sie draußen in die Bäume. Die Rotorblätter drehten sich noch. Die Kinder liebten sie. »Schau mal, Mommy, ein Hubschrauber!«

Ich fand es auch magisch. Aber drinnen im Haus froren wir uns die Hintern ab. Unser Haus hatte keine richtige Zentralheizung, eigentlich nur einen kleinen Heizofen im Schlafzimmer meiner Eltern. So musste ich im Winter fast jede Nacht auf der Couch vor ihrem Bett schlafen. Mit Laurens Füßen in meinem Gesicht. Jeden Morgen stand ich auf, raste zur Dusche, drehte das Wasser auf, rannte zurück zur Couch und umarmte den Heizofen. Als wäre der so eine Art radioaktives Ei, das ich auszubrüten versuchte. Dann zurück zur Dusche, wo inzwischen warmes Wasser kam. Unter dem Wasserstrahl taute ich soweit auf, dass ich – kein Witz! – meine Finger wieder spürte. Nach der Dusche ging es zurück zum Heizofen. Ich habe immer noch den Eisengeruch seiner Rippen in der Nase. Damals schwor ich mir: »Wenn ich groß bin, werde ich in einem Haus mit einer richtigen Heizung wohnen.«

Jetzt kann man sich fragen, warum meine Familie nicht einfach eine bessere Heizung einbauen ließ, was natürlich eine absolut berechtigte Überlegung ist. Die Antwort lautet, dass das so ungefähr zehntausend Dollar gekostet hätte und unser Dad sich einfach nicht dazu durchringen konnte, so viel Geld auszugeben. Die offizielle Rechtfertigung war, dass sie beide im öffentlichen Dienst waren – Mom ist Lehrerin an einer Middle School. Aber an dieser Stelle möchte ich noch mal auf die Hubschrauber aus Deckenventilatoren zu sprechen kommen. Ja, Dad ist ein total netter Mensch, und er stand gern am Fenster und sah, wie die Kids ihre Freude daran hatten. Wenn man allerdings mit einer Kosten-Nutzen-Analyse die Zeit, die das Basteln diese Dinger gekostet hat, mit dem Preis fertig gekaufter Dekoration verrechnet, dann ist die einzig logische Schlussfolgerung, dass er es einfach nicht über sich brachte, die Ventilatoren wegzuschmeißen.

Lauren und ich begriffen früh, dass wir uns etwas überlegen mussten, um eigenes Geld zu verdienen. Wir waren quasi gezwungen, die Welt mit Unternehmerblick zu betrachten. Ich glaube, es war meine Idee, den Leuten, die wegen der Weihnachtsbeleuchtung kamen, Cookies zu verkaufen, aber Lauren war das Vertriebsgenie. Wir brachten unsere Mom dazu, die Kekse im Supermarkt zu kaufen, nahmen sie dann aus den Tüten und verpackten sie einzeln wieder. Dann verkauften wir sie von einem Tisch im Vorgarten. Bei den Tausenden von Leuten, die vorbeispazierten, liefen die Geschäfte hervorragend. Dann kam Lauren die Idee, ihre blonden Locken, Grübchen und so zum Einsatz zu bringen. Die Leute blieben stehen, um sie zu bewundern, als wäre sie so eine Art Weihnachtsdeko in Menschengestalt. Deshalb fing sie an, Wucherpreise zu verlangen. Wir steigerten uns von einem Dollar pro Cookie auf zwei und sogar drei Dollar. Zusätzlich nahmen wir Wasserflaschen für fünf Dollar ins Angebot auf, die wir selbst im Laden für einen Dollar gekauft hatten. Um zu uns rauszufahren, musste man durch dichten Verkehr, also waren die Leute durstig und hungrig und kauften den entzückenden Kindern unter den Bäumen mit den Helikoptern bereitwillig etwas ab. Dann gingen uns eines Tages das Wasser und die Kekse aus. Lauren lief ins Haus, erzählte unserer Mom, sie sei hungrig, und kam mit einer dieser kleinen Chipstüten wieder raus, die Mütter hierzulande ihren Kindern als Snack in ihr Lunchpaket packen. Die verkaufte sie für zehn Dollar. Da lief sie wieder rein, schaffte es gekonnt, Mom zu überreden, und kam mit noch einer Tüte heraus, die sie auch sofort wieder vertickte. Wir fingen an, jeden Abend Hunderte von Dollar zu verdienen, was unsere Partnerschaft zementierte. Unsere »Komplizenschaft«, wie sie es gerne nennt. Unsere Eltern hatten keine Ahnung – bis Lauren unsere Tarnung auffliegen ließ, weil sie unbedingt so eine bescheuerte Puppe haben wollte.

Moment, ich muss mich korrigieren. Die Puppe war Jessie aus *Toy Story 2,* und die war wahnsinnig cool. Das Problem war nur, dass sie fünfzig Dollar kostete. Mom sagte, es täte ihr wirklich leid, aber das käme gar nicht in Frage. »Du wirst einfach bis zu deinem Geburtstag warten müssen, Lauren.« Da zückte Lauren einfach ihren Geldbeutel und holte fünfzig Dollar raus. Mom fiel wohl die Kinnlade praktisch bis auf den Boden. Dazu sah sie meine Schwester an, als wollte sie sagen: *Wer ist dieses Kind?*

Aber das ist ja eigentlich normales Familienleben. Erst Jahre später wurde uns klar, dass unsere Familie doch ziemlich anders war. Trägt denn nicht jeder Dad tagtäglich eine Waffe bei sich?

Manchmal begleitete ich ihn in die Garage, wenn er sie reinigte, saß da und sah ihm zu. Weil er das derart sorgsam und ernst tat, wusste ich schon damals, dass eine Waffe niemals ein Spielzeug ist. Man musste sehr verantwortungsvoll damit umgehen. Sie konnte Menschen töten. Aber wir wussten auch, dass er sie brauchte, um seinen Job zu machen und sich selbst zu schützen.

Der Vorfall am Flughafen LAX – als ein Mann mehrere Passanten und einen Beamten der TSA erschoss – machte uns das drastisch klar, weil das Büro unseres Dads sich in dem Terminal befand, wo es passierte. Außerdem kannten wir den Flughafenpolizisten, der den Täter erschoss. Er war ein Freund unserer Familie.

Dad brach oft morgens um sechs von zu Hause auf und kam erst um sechs Uhr abends zurück. Dann ging er nach oben, duschte, kam in seinem typischen weißen T-Shirt und zerrissener Jeans wieder runter, aß mit uns vor dem Fernseher zu Abend und ging dann noch mal zurück zur Arbeit, manchmal sogar mehrmals in einer Nacht. Daher wussten wir, dass die Fernsehnachrichten wichtig waren. Wir aßen immer vor dem Fernseher und sahen dazu *ABC World News Tonight with Diane Sawyer.* Wirklich jeden Abend. So kam es, dass eines Abends in den Nachrichten über eine Schießerei berichtet wurde, in der auch unser Dad vorkam. Deshalb waren wir beide vom Second Amendment, dem zweiten

Verfassungszusatz (der das Recht auf Besitz und Tragen von Waffen in den USA sichert), überzeugt. Wir waren froh, dass er seine Waffe gehabt hatte. Und wir sind immer noch davon überzeugt. Und Dad besitzt auch weiterhin Waffen. Wir haben immer noch welche bei uns im Haus.

Aber was ich aus dem Vorfall vom LAX gelernt habe, ist, dass es sehr schwer ist, die Einstellung der Leute zum Second Amendment zu ändern. Manchen gefällt regelrecht die Vorstellung, wir würden insgeheim planen, ihnen ihre Waffen wegzunehmen. Egal wie oft wir beteuern, dass das nicht stimmt, sie glauben uns nicht. Ehrlich gesagt denke ich, dass sie es geradezu genießen, so paranoid zu sein.

Jedenfalls war es für uns als Kinder einfach ein Aspekt unseres Lebens, Schusswaffen im Haus zu haben und verantwortungsvoll damit umzugehen. Ich machte mir darüber nicht wirklich viele Gedanken. Ich war zu sehr damit beschäftigt, eine Nervensäge zu sein.

Das Wort »schwierig« fiel oft, wenn man mich beschrieb. »Lernt langsam«, hieß es in der Schule über mich. Erst in der vierten Klasse konnte ich richtig lesen. Schließlich kamen wir dahinter, dass ich Legastheniker war. Aber das konnte nicht als Entschuldigung für alles herhalten, weil ich von Anfang an schwierig gewesen war.

Als ich die Vorschule besuchte und auch noch keins der anderen Kinder lesen konnte, kauften Mom und Dad mir ein Spider-Man-Fahrrad. Doch ich ließ mir von niemand das Radfahren beibringen. Nur weil meine Mom es vorschlug, weigerte ich mich. In der dritten Klasse hatte ich es noch kein einziges Mal versucht.

Ich machte aus jeder Situation ein Spiel »die gegen uns«. Ich denke, das hatte teilweise auch damit zu tun, dass Dad so viel arbeitete und wir deshalb quasi nur mit unserer Mutter aufwuchsen. Und unsere Mom ist so was von stur. Sie gibt nicht nach. Also imitierte ich sie vielleicht.

Ich will nicht behaupten, dass meine Lese-Rechtschreib-Schwäche gar nichts damit zu tun hatte. Jeden Tag zum Förderunterricht aus der Klasse geholt zu werden war nervig und beschämend. Ich erinnere mich noch, dass eine meiner Lehrerinnen in der ersten Klasse meinen Eltern erklärte, mit mir könne man nichts anfangen. So als wäre ich ein kaputtes Spielzeug. Aber ich wusste, dass ich in irgendetwas gut sein würde. Deshalb machten mich die Lehrer, die nicht an mich glaubten, eigentlich nur umso stärker. Sie brachten mir bei, mich einen Dreck darum zu kümmern, was andere Leute denken. Das Einzige, was zählt, ist deine eigene Meinung.

Das Schlimmste an der Sache mit der Legasthenie war das Gefühl, für meine Eltern eine Riesenenttäuschung zu sein. Und meine Reaktion darauf? Anstatt alles daran zu setzen, es besser zu machen, strengte ich mich so richtig an, um tatsächlich eine Enttäuschung zu sein. Zum Beispiel wenn unsere Mom vorschlug, ich könnte Segel- oder Golfunterricht nehmen. Lauter Dinge, die eigentlich Spaß machten. Dann wehrte ich mich jedes Mal. »Golfstunden? Äh, nein. Warum sollte ich so was machen wollen?«

Ich wollte mich durch rein gar nichts verändern lassen. Ich wollte einfach nur Kind sein und Spaß haben. Ich wollte an den Strand gehen und mit meinem Boogieboard surfen. Die Legasthenie war ja nicht meine Idee gewesen. Warum behandelten mich dann all diese Leute so, als wäre etwas an mir defekt? Ich wurde ein immer schlimmerer Narzisst und verwandelte mich im Grunde genommen in ein Arschloch. Ich erinnere mich noch genau, wie ich zum Beispiel einmal in der zweiten Klasse morgens aufstand, mir das gestreifte Shirt, das für mich zum Anziehen bereitlag, ansah und dachte: »Heute werde ich einfach mal ein kleiner Scheißkerl sein. Mal sehen, wen ich so richtig nerven kann.«

Ich schätze, man könnte sagen, ich bin der geborene Quertreiber. Das Gute daran ist, dass meine Weigerung, das Leben eines ganz normalen Kindes zu führen, mir erlaubt hat, meinen eigenen Weg zu finden. So konnte ich Dinge machen, in denen ich gut war. Zum Beispiel gab es beim Baseballfeld diese Bank, die jemand vor Jahren in die Äste eines Baumes hinaufgezerrt hatte und um die der Baum herumgewachsen war. Ich kletterte während der Baseballsaison auf die Bank und beobachtete jeden Tag die anderen Kinder beim Spielen – aus gut zweieinhalb Meter Höhe, wo mich keiner sehen konnte.

Irgendwann kam ich drauf, wie sich damit Geld verdienen ließ. Während der Baseballsaison konnte man verschlagene Bälle zurückbringen und bekam dafür fünfundzwanzig Cent oder einen Hotdog oder was auch immer. Von meinem Platz aus konnte ich sehen, dass immer wieder Bälle auf eine riesige, von Efeu bewachsene Fläche hinter dem Home-Run-Zaun fielen. Die Kinder gingen sie dort suchen, wo sie hingeflogen waren, schienen aber nicht zu berücksichtigen, dass viele unterhalb der Efeublätter ein Stück den Hügel hinunterrollten. Ich wartete, bis alle weg waren, und marschierte dann systematisch über den Efeu, wobei ich meine Füße quasi zum Tasten benutzte. So fand ich diese ekligen Bälle, die schon seit Jahren da gelegen haben mussten. Ich nahm sie mit nach Hause und schrubbte sie, so gut es ging, sauber. Am nächsten Tag kehrte ich zurück, wandte mich an den naivsten Zuschauer unter den Eltern und sagte: »Hier sind sechs Bälle, ich hätte dafür gern die Nachos.«

In der dritten Klasse änderte sich die Situation ein wenig. Da hatte ich eine Lehrerin, die sehr an mich glaubte, sodass ich anfing, irgendwie auch ein bisschen an mich zu glauben. So wachte ich eines Morgens auf und dachte einfach: »Ich werde es machen. Ich werde mit meinem Rad fahren.« Ich fragte meinen Dad – zufällig war gerade Vatertag –, ob er es mir beibringen könne. Er ging mit mir auf den Parkplatz unserer Grundschule. Innerhalb von fünf Minuten konnte ich ohne Stützräder fahren. Am nächsten Tag fuhren wir von zu Hause bis zum Flughafen LAX und zurück, insgesamt schafften wir eine Strecke von mehr als dreißig Meilen. Danach konnte mein Dad zwei Wochen lang kaum laufen.

Jetzt hatte ich eine gute Möglichkeit, »Dampf abzulassen«, wie man so sagt. Ich fuhr dermaßen viel Fahrrad, dass ich davon jetzt zwei verschieden große Daumen habe. Im Ernst. Denn als ich für mein Spider-Man-Bike zu groß geworden war, kaufte mein Dad mir ein neues bei Costco, das ich nicht im Geringsten geschont habe. Ich wollte ein cooler Mountainbiker sein und mein Rad gerne so richtig dreckig machen. Also baute ich mir einen kleinen Parcours im Gelände mit ein paar Sprüngen und Wellen, den ich dann ungefähr tausendmal abfuhr. Und da mein Dad supersparsam war, weigerte er sich, mir danach ein neues Rad zu kaufen. So viel eigenes Geld hatte ich nicht, also blieb mir nur, das wirklich schrottige Rad meiner Mutter zu benutzen, das dreißig Jahre alt war und das sie schon am College benutzt hatte. Die Gangschaltung war kaputt. Deshalb musste ich den Ganghebel die ganze Zeit gedrückt halten. Nach ein paar Jahren hörte davon der Daumen auf zu wachsen. Springen wir jetzt sechs Jahre weiter, denn da schaue ich eines Tages auf meine Daumen und denke mir: »Moment mal, warum sind meine Daumen eigentlich so verschieden?«

Mir ein neues Fahrrad zu wünschen kam mir längst nicht mehr in den Sinn. Das Rad, das ich benutzte, funktionierte ja, mehr oder weniger. Aber als dann die ersten GoPros auf den Markt kamen, da musste ich eine haben. Eine Kamera, die man auf seinen Helm montieren kann? Wie cool ist das denn? Aber wie sollte ich das Geld dafür verdienen?

Nun, der Dezember stand vor der Tür. Das bedeutete wieder Weihnachtsbeleuchtung, Hubschrauber und Tausende von Leuten, die an unserem Haus vorbeispazierten. Also ging ich los und kaufte Knicklichter, Leuchtfarbe und Süßes. Dann schrieb ich »Knicklichter und Süßes zu verkaufen« mit Leuchtfarbe auf den Bürgersteig. Für alles, was ich anbot, verlangte ich hundert Prozent Aufschlag. Das heißt, ich bekam zwei Dollar für ein Knicklicht, das mich einen Dollar gekostet hatte. Damit verdiente ich etwa fünfhundert Dollar und kaufte mir von der Hälfte eine GoPro. Den Rest investierte ich zusammen mit meiner Mutter und einem Freund in ein Aktienpaket. Wir hatten Tesla, Southwest und zwei 3D-Drucker-Unternehmen. Dieses Jahr haben wir die Aktien verkauft und unser Startkapital ungefähr verdoppelt.

Der Schriftzug »Glowsticks and Candy« steht übrigens immer noch auf dem Bürgersteig. Er geht einfach nicht ab. Letzten Sommer war ich noch mal dort und erklärte den Kindern, die jetzt da wohnen: »Wisst ihr, wer das geschrieben hat? Der Typ bin ich.« Gott sei dank ist kein Rechtschreibfehler drin!

Das Nächste waren Drohnen. Als die auf den Markt kamen, war die Vorstellung, diese Kamera von meinem Helm durch die Luft zu steuern, die aufregendste Idee überhaupt. Sie bedeutete quasi die Vertausendfachung meiner Aktion mit der Baum-Bank am Baseballfeld. Nachdem ich erst eine besaß, dauerte es nicht lange, bis mir die Idee kam, um Geld damit zu machen. Schon bald verdiente ich hundert Dollar pro Set von Luftaufnahmen einzelner Häuser. Und dabei war ich erst vierzehn. »Ich habe meine eigene Drohnenfirma, da brauche ich keine Schülerjobs wie ihr«, erklärte ich den anderen Kids gerne.

Wenn ich jetzt daran zurückdenke, zucke ich zusammen. Aber das ist nicht mal das Heftigste, was ich getan habe. Da war dieses Mädchen an der Middle School, das mich mochte. Ich tat so, wären wir zusammen, obwohl ich schon angefangen hatte, mich mit einer anderen zu treffen. Ich sagte es ihr aber nicht. Ich war nichts weiter als ein unreifer Hormonhaufen auf zwei Beinen. Es ist mir immer noch peinlich, wenn ich daran denke.

Ich war damals dermaßen narzisstisch und angeberisch. Das einzig Gute, was ich dazu sagen kann, ist, dass diese Angeberei wahrscheinlich mein Ersatz für echtes Selbstvertrauen war. Das brachte mich auch dazu, dass ich mich in der Schule für den Debattierkurs interessierte. Ich hatte schon immer gern geredet, und deshalb fand ich es cool, davon zu profitieren, wenn ich einfach genau das tat. Allerdings war ich ein Schüler, der Förderkurse besuchte, und zwar auch in Englisch, während ungefähr dreißig andere sich ebenfalls für einen der zehn Plätze im Debattierteam bewarben. Wäre ich nicht so von mir selbst eingenommen gewesen, hätte ich es also wahrscheinlich gar nicht hineingeschafft.

Aber irgendwie gelang es mir wundersamerweise. Bis dahin hatte ich nie besonders viele Hausaufgaben gemacht. *»Fake it till you make it«* – durch Schein zum Sein –, das war eigentlich meine Devise. Aber als es mit dem Debattierteam losging, fing ich an, früh aufzustehen und mit dem Rad zur Schule zu fahren, zwei Meilen jeden Morgen. Schon bald kapierte ich, wie gut es sich anfühlte, sich für eine Sache ins Zeug zu legen. Und es stellte sich raus, dass ich gut im Debattieren war. Die Kids mit den besten Noten und den *advanced placements,* den Kursen auf College-Niveau für die Begabten? Beim Debattieren konnte ich ihnen so richtig einheizen.

Alles in allem lief es fantastisch. In der achten Klasse war ich so glücklich wie noch nie in meinem Leben. Ich dachte sogar, ich hätte ein Mädchen gefunden, das mir wirklich etwas bedeutete. Und dann erklärten meine Eltern, dass wir nach Florida umziehen würden. Ich kann gar nicht sagen, wie unbeschreiblich angepisst ich deswegen war.

Jetzt habe ich schon so viel von meinen ganzen Kindheitsproblemen erzählt und Sandy Hook noch nicht erwähnt. Das passierte Ende 2012, kurz vor Weihnachten in meinem siebten Schuljahr. Wir schauten wie üblich die Abendnachrichten, als die ersten Meldungen darüber kamen. Meine Eltern waren total schockiert und sagten immer wieder »Das ist Wahnsinn«, sodass mir klar wurde, es musste etwas ganz Schlimmes sein. Das bedeutete aber auch, dass all die Code-Red-Übungen für eben so einen Vorfall, die wir schon absolviert hatten, nicht normal waren. Ich dachte: »Wie konnte so was bloß passieren?« Und ich erinnere mich, auf Instagram gepostet zu haben: *Was für ein kranker Typ.*

Dann vergaß ich die Sache wieder. So wie alle anderen auch.

Das Gleiche passierte nach der Schießerei am Flughafen LAX im Jahr darauf. Sogar nachdem ich erfahren hatte, dass die im selben Terminal stattgefunden hatte, in dem Dad sein Büro hatte, machte ich mir vor, das würde mich nicht betreffen. Dabei war mein Dad in die Ermittlungen am Tatort involviert gewesen! Ich kannte sogar einige der FBI-Agenten, die direkt damit zu tun hatten – weil sie Kollegen meines Vaters waren. Trotzdem war das Ganze ja nicht mir persönlich passiert, und so konnte ich es vergessen. Ich weiß nicht, ob das typisch menschlich oder nur speziell amerikanisch ist, aber Verdrängen und Vergessen waren zentrale Eigenschaften des Amerikas, in dem ich aufgewachsen bin.

Natürlich nur, bis sich alles änderte.

Das ist so ziemlich alles, was mir zu Kalifornien einfällt. Jetzt wird Lauren erzählen, inwiefern ich alles falsch verstanden habe.

Als Erstes möchte ich klarstellen, dass David gar kein so mieser Kerl war. Ich glaube, er übertreibt da. Keine Ahnung, warum er das macht, denn eigentlich war er immer nett. Er ist ein toller großer Bruder. Ich erinnere mich, wie er einmal, als irgendwelche großen Jungs aus einer höheren Klasse mir meinen Fußball weggenommen hatten und ich weinte, zu mir sagte: »Erzähl mir, wer das war, dann hole ich ihn dir zurück und sorge dafür, dass die das nicht noch mal machen.« Und sie haben es nicht noch mal gemacht.

Ich habe ihn aber auch beschützt. Wir waren so eine Art Team im Alltag. Wenn Leute sich über ihn lustig machten, weil er noch nicht lesen konnte, ihn bescheuert und so was nannten, dann habe ich denen gesagt, sie sollen das lassen. Ich war dermaßen gekränkt und sauer. Denn David ist einer der schlauesten Typen, die ich kenne. Bevor er lesen gelernt hat, er war vielleicht sieben oder acht, hörte er schon total aufmerksam zu und hat sich so gut wie alles gemerkt, was auch immer ein Lehrer sagte. Er konnte sich stundenlang Nachrichten anhören und wusste deshalb mehr über Politik als die meisten Erwachsenen. Meine Mom scherzt immer, dass David schon mit vierzig auf die Welt gekommen sei.

Ich erinnere mich auch an die Schießerei am Flughafen

von Los Angeles. Die hat großen Eindruck bei mir hinterlassen, weil Mom damals zu mir in die Schule kam. Ich dachte mir noch: »Warum kommt Mom und holt mich aus dem Unterricht? Sie müsste jetzt doch ihre eigene Klasse unterrichten.« Und ich weiß noch genau, dass sie zu mir sagte: »Lauren, dein Dad ist bei einer Schießerei am Terminal. Ich glaube, es geht ihm gut, aber bis jetzt habe ich noch keine Nachricht von ihm.« Unsere Eltern haben uns wirklich nie etwas verheimlicht. Und sie meinte auch, bevor ich wieder reinging: »Lauren, erzähl keinem anderen Kind davon, weil seine Eltern vielleicht auch am Flughafen arbeiten und es dann Angst kriegen könnte.« Ich hatte so eine Angst! Aber rückblickend denke ich, sie hat mich in die Rolle einer Erwachsenen gedrängt. Obwohl die anderen Kinder ja genauso alt waren wie ich, musste ich sie beschützen.

Ich weiß noch, dass ich, als Dad an dem Tag nach Hause kam, dachte: »Oh mein Gott, das hätte der letzte Tag gewesen sein können, an dem ich ihn gesehen habe.«

Sandy Hook passierte ungefähr zur selben Zeit, da war ich sieben oder acht, also fiel das in unserer Erinnerung mit Dads Ermahnungen zusammen. »Lauren, wann immer du in eine schlimme Situation kommst, versuch, ruhig zu bleiben, gerate nicht in Panik, sondern reiß dich zusammen, such dir ein Versteck und sieh zu, dass du überlebst.« Unsere Mom machte das Gleiche. Jedes Mal, wenn wir ins Kino oder in ein Einkaufszentrum gingen, sagte sie zu uns: »Merkt euch, wo die Ausgänge sind.«

Aber das Leben damals war nicht so todernst, wie man jetzt vielleicht meinen könnte, und wir fühlten uns noch nicht dermaßen verantwortlich für die Probleme der Welt. Und wie David sagt, wir hatten die Fähigkeit von Kindern, Sachen wieder zu vergessen. Im Sommer wachten wir auf, gingen an den Strand, holten uns Snacks am Kiosk und verbrachten den ganzen Tag mit unseren Freunden im Sand liegend, von wo aus wir den Surfern zuschauten. Zwischendurch rannten wir ins kalte Wasser und dann wieder zurück auf den warmen Sand. Da lagen wir ausgebreitet, und es fühlte sich so gut an. David verbrachte Stunden und Stunden auf seinem Boogieboard. Wann immer wir hungrig oder durstig waren, spazierten wir zu diesem kleinen Einkaufszentrum, wo es einen Trader-Joe's-Supermarkt, Jamba Juice und Yogurtland gab. Bei Yogurtland kauften wir uns täglich was. Irgendwann gingen wir nach Hause und machten ein Nickerchen, und das war das beste Nickerchen überhaupt, weil wir richtig müde waren. So sah unser Leben aus.

David meinte immer, man müsse alle Fenster aufreißen, damit eine kühle Brise durchwehte. Wenn es abends dann feucht und diesig wurde, kochte Mom uns irgendwas, was richtig gut roch. So nah am Strand zu wohnen war fantastisch. Die Sorgen der Welt durften warten.

Obwohl er nicht darüber sprach, denke ich, dass das ein wichtiger Grund dafür war, warum David so aufgebracht reagierte, als die Eltern uns mitteilten, wir würden nach Florida ziehen. Ich war erst mal irgendwie aufgeregt, weil ich vorher noch nie umgezogen war und sie uns diese Prospekte von Disneyland zeigten. Aber David brüllte die Treppe hinauf: »Ich will nicht nach Florida! Ich werde nicht umziehen!«

Ich denke, es lag einfach am Altersunterschied. Er war damals schon auf der High School, und er hatte dort ein paar richtig gute Freunde und auch eine Freundin. Wir zogen im Dezember um, mitten im Schuljahr, quasi gerade als an der Candy Cane Lane die Weihnachtsbeleuchtung anging.

Aber unsere Eltern hatten ihre Entscheidung getroffen, vor allem Mom. Weil bei Dad eine beginnende Parkinson-Erkrankung festgestellt worden war und man in Florida billiger leben konnte. Und weil außerdem das FBI den Umzug bezahlen und ihn dort in Pension gehen lassen würde. Als David begriff, dass es wirklich keinen Ausweg gab, rastete er aus. Er schrie rum: »Okay! Aber ich kriege einen Computer, ich suche mir aus, welches Zimmer ich nehme, auch die Farbe dafür!« Er nannte lauter Bedingungen und Mom willigte einfach in alles ein.

Und das war vielleicht tatsächlich das Beste. Denn David wusste aus Erfahrung, wenn er einen guten Grund nannte und genug Druck machte, konnte er sehr überzeugend sein.

Ich erinnere mich, wie ich an unserem letzten Tag noch mal in mein Zimmer ging und es nicht wiedererkannte. Es sah so leer aus. Da traf mich schlagartig die Erkenntnis: Es ist wahr, wir ziehen tatsächlich weg. Dann schlossen wir zum letzten Mal die Tür ab und fuhren die Straße hinunter. Ich weinte so sehr, dass ich die Lichter der Weihnachtsbeleuchtung nur total verschwommen sah.

3.

PARKLAND

Mitten im Schuljahr umzuziehen ist echt scheiße.

Lauren hat mich gerade wieder daran erinnert, dass ich unsere Eltern bei unserer Ankunft in Florida angeschrien habe: »Ich will hier nicht wohnen! Ich will hier nicht wohnen!« Ich glaube, das Wetter hatte das Fass zum Überlaufen gebracht. Wir waren kaum aus dem Flughafengebäude getreten, als es mir entgegenschlug wie Satans heißer, feuchter Rülpser, der nach Everglades roch, was nicht der allerbeste Duft ist. Wir wohnten auch nicht mehr am Strand – und tschüss, Boogieboard. Meine Mutter meinte nur: »Gut, zieh unter die Treppe« – weil wir auch so einen Verschlag unter der Treppe hatten wie in *Harry Potter* –, und ich erwiderte: »Gut, ich zieh unter die Treppe.« Ganz der störrische Esel, oder nicht?

In der Schule ging es mir auch nicht besser, weil ich dort a) keine Freunde hatte und b) die Marjory Stoneman Douglas eine echte Kaderschmiede ist – im US-Ranking auf Platz 430. Wie sich herausstellte, war es keine so gute Idee gewesen, jahrelang keine Hausaufgaben zu machen. Aber wer hätte das ahnen sollen?

Lauren behauptet, allein Freshman zu sein habe viel damit zu tun gehabt: »Das ist das Alter, in dem wir zwar schon den Schlüssel haben, aber die Tür noch nicht aufkriegen.« Was ein klassischer Lauren-Spruch ist, weil sie damit auf eine versöhnliche Art den Nagel voll auf den Kopf trifft.

Da stand ich also und versuchte, die Tür aufzukriegen. Zufällig war ich in zwei fantastischen Kursen gelandet, Medientechnik und Debattieren – beides Themen, die mich sehr interessierten. Da war also ich, der einsame Junge, der an einen unbekannten Ort verpflanzt viel zu viel Zeit für sich hatte, obendrein an einer überaus ehrgeizigen Schule … Dazu sollte man wissen, dass es an der Stoneman Douglas und in unserer Generation fast schon Ehrensache ist, sich über Noten und College-Aussichten einen Kopf zu machen. Wenn du so richtig cool sein willst, musst du depressiv, zynisch und scharfzüngig sein. Wir sind die Generation Stress. Wenn man also sein Leben mehr oder weniger auf einem Boogieboard verbracht hat, ist das, als würden sie einen aus dem Koma holen. »Wir verlieren ihn! Defibrillator!«

Das mag jetzt komisch klingen, aber in gewisser Weise hat John Oliver mich gerettet, der Moderator der Satiresendung *Last Week Tonight.* Er ist so verdammt lustig, geht echt in die Tiefe und hat mir gezeigt, dass sich hinter jeder Nachricht eine vielschichtige Komplexität verbirgt. In der ersten Folge, die ich gesehen habe, ging es um den ganzen Zucker in industriell verarbeiteten Lebensmitteln. Aus irgendeinem Grund forderte er von den Produzenten, die Menge des Zuckers in ihren Produkten in Erdnüssen zu messen. Am Ende hieß es dann: »Wenn Sie uns Ihre Nüsse in den Schlund schieben, dann ist es doch wohl das Mindeste, dass Sie uns sagen, was wir da schlucken.« Perfekter Freshman-Humor, oder? Ich hab mich jedenfalls weggeschmissen vor Lachen, worüber meine Eltern bestimmt froh waren. »Keine Ahnung, was er da drinnen macht, aber zumindest droht er uns nicht mehr damit, unter die Treppe zu ziehen.« Im selben Jahr nahm John Oliver sich auch Citizen United vor, das »Geld garantiert Einflussnahme«-Urteil des Supreme Court, der unterm Strich urteilte, es sei verfassungskonform, wenn reiche Bonzen sich die Gunst gewisser Politiker erkauften. Man mauss keine Intelligenzbestie sein, um den Hinweis auf die sich radikalisierende – und immer mächtigere – National Rifle Association of America (NRA) zu verstehen.

Ein anderer Einfluss war Hank Greens *SciShow* auf YouTube – eine Art Nachrichtensendung für Wissenschaftsthemen. Da gab es beispielsweise Folgen zu West Virginia, wo die Kohleindustrie sogenanntes Mountaintop Removal Mining (»Bergbau durch Gipfelsprengung«) betreibt und jährlich Tausende Menschen an Krebs erkranken, weil sie diesen unfassbar krebserregenden Stoffen wie Arsen und Schwermetallen ausgesetzt werden – und nichts passiert, weil die Kohlelobby die Politiker schmiert.

Auch *Vox* hat mir viel beigebracht. Die Webseite hat mich regelrecht eingesaugt, weil sie visuell wahnsinnig anregend ist, aber hängen blieb ich letztlich bei den Reportagen. Ein Thema war der sogenannte militärisch-industrielle Komplex und warum die USA so was wie achthundert Militärstützpunkte in der ganzen Welt unterhalten.

Was noch? *Vice News Tonight*, die hatten auch großen

Einfluss. Morgens direkt nach dem Aufstehen sah ich mir die *Vice News* an, ging zur Schule, kam wieder nach Hause, nahm mir etwas zu essen und verbrachte die nächsten ein, zwei Stunden mit Hank Green oder John Oliver oder *Vice*. Anschließend recherchierte ich nach, was sie erzählt hatten. Nicht dass all diese Themen mir komplett neu gewesen wären – vieles davon hatten wir in unserem Debattierkurs auch schon behandelt: Dort hatte ich über die moralische Legitimität von Luftangriffen in Ländern wie Syrien diskutieren müssen, über Drohnenangriffe, über positive Diskriminierung und gentechnisch veränderte Organismen und das bedingungslose Grundeinkommen, einfach über jede Menge Themen, jeden Monat ein neues, für das wir erst vier Wochen lang recherchierten und am Ende fast schon Experten auf dem Gebiet waren. Ich lernte, Informationen so auszuwählen und zu interpretieren, dass sie nicht bloß meine Überzeugungen bestätigten, sowie meine Schlussfolgerungen kritisch zu überprüfen.

Lauren besucht den Debattierkurs inzwischen auch und kann noch einen anderen Blickwinkel beitragen:

> Ich war von all diesen Kids, die wie Erwachsene redeten, anfangs echt eingeschüchtert. Ich meine, natürlich spreche ich irgendwie auch in der Art, aber einige klangen wie Collegeprofessoren – aber sobald sie mit ihrem Vortrag fertig waren, redeten sie wieder wie ganz normale Kids. Allmählich wurde mir klar, dass man sich auf eine erwachsene Art und Weise inszenieren und dabei trotzdem man selbst bleiben konnte, zum Beispiel in einer Art

Parlamentssimulation, in der uns zehn Themen vorgegeben wurden. Man musste sich auf eine Seite schlagen und dann beim Vorsitzenden und den Abgeordneten um deren Stimme werben, sprich: Man muss zu jedem einzelnen Thema ausgiebig recherchieren und sich Argumente zurechtlegen. Allein in diesem Jahr habe ich bestimmt schon mehr als fünfunddreißig Gesetzesentwürfe debattiert, und zwei der wichtigsten drehten sich um Waffenkontrolle und den Umgang mit psychiatrischen Erkrankungen. Ausgerechnet diese beiden waren unmittelbar vor dem 14. Februar dran gewesen. Deshalb wissen wir auch so viel über Waffen und Waffengesetze und psychische Gesundheit und wie unsere Regierung funktioniert. Insofern waren wir gewissermaßen auf diesen Moment vorbereitet.

Den Medientechnik-Kurs hat Lauren ebenfalls belegt. Dort lernt man, was ein Nachrichtenzyklus ist, was Aufhänger für eine Geschichte sind und wie man eine Nachricht weiterdreht – im Grunde alles, was an Wissen nötig war, um zu verhindern, dass unsere Bewegung aus dem Fokus der Öffentlichkeit verschwand. Insofern ist dies meine Antwort an alle, die meinen, wir seien zu jung und unkundig, um Waffengesetze zu kritisieren: Versuchen Sie mal, mit ein paar dieser unkundigen Teenager von der Stoneman Douglas zu debattieren. Die treten Ihnen so was von in den Arsch, dass Sie zurück ins Jahr 1776 fliegen.

Lauren würde gern noch erzählen, welchen Effekt all das auf meine Persönlichkeit hatte: »Eine echt entscheidende Sache für David war unter anderem, dass er sich mit seinen Debattier- und Medientechnik-Partnern anfreunden musste. Ab diesem Moment fing er an, ein besserer Mensch zu werden.«

»Anfangen« ist hier das entscheidende Wort – denn es dauerte eine Weile. Aber die Freunde aus dem Kurs waren schon mal sehr hilfreich. Würde man sie in Schubladen einsortieren, wären es die Emos und nerdigen MINT- oder später AP-Schüler gewesen, Leute wie Diego Pfeiffer und Ryan Deitsch und Delaney Tarr. Mit ihnen saß ich draußen auf dem Schulhof, und der Schweiß lief in Strömen, weil dort nirgends Schatten war, wir aber unter uns sein und nerdige Dinge besprechen konnten wie das Universum, technische Sachen, Politik und noch mehr Universum. Wusstet ihr, dass ein Schwarzes Loch nicht nur das Licht, sondern auch die Zeit verformen kann? *Es kann die Zeit verformen.* Also, diese Jungs und Mädchen haben mich auf wirklich viel gebracht.

Nach einer Weile fügte sich all das zusammen zu einem riesigen Knäuel: David, reiß dich am Riemen, wenn du auf irgendein anständiges College willst.

Und auch die Lehrer waren eine große Hilfe, was ich in der Vergangenheit nicht allzu häufig erlebt hatte. Beispielsweise hatte ich in Kalifornien Bio gerade so bestanden, aber meine Biolehrerin an der Stoneman Douglas half mir und ermutigte mich ungemein, sodass ich am Ende eine Eins bekam. (Danke, Ms. Boyd!) Ein weiterer toller Kurs war Erdkunde, weil das in etwa so ist, wie mit meiner Drohne Fotos zu machen – man kriegt einen Überblick über die Welt und sieht auf diese Weise das große Ganze. Weltklasse war auch Astronomie, die vom fantastischen Kyle Jeter unterrichtet wird. Er brachte mich dazu, mich über die günstigste Art und Weise schlauzumachen, wie man eine komplette Marsbevölkerung ernähren könnte, und dafür las ich mich in Zeug wie Aeroponik, Hydroponik und Aquaponik ein. Innerhalb der folgenden drei Jahre würde ich in sämtlichen Fächern aus normalen Grundkursen in Leistungs- und AP-Kurse wechseln und einen glatten Einser-Durchschnitt haben.

Leider sollte sich alsbald herausstellen, dass all meine Fortschritte auf schulischem Gebiet auf persönlicher Ebene nach hinten losgingen, weil sie mich im Klartext nur zu einem umso arroganteren Arschloch machten. Das habe ich mir von diversen Leuten anhören müssen. Schüler aus dem Debattierkurs neigen ohnehin zur Großspurigkeit, und als ich im Sophomore Year auch noch Sprecher unseres Debattierteams wurde, stieg mir das ziemlich zu Kopf. Als ein Senior sich mal mit mir anlegen wollte, blaffte ich beispielsweise zurück: »Hey, zumindest geh ich nicht bei Publix jobben.« So einen Satz kann man nie mehr zurücknehmen. Ich habe mich über ihn lustig gemacht, weil er einen Job im Supermarkt hatte.

Dieses Verhalten hat Leute abgestoßen – zu Recht –, aber dadurch benahm ich mich kein bisschen besser, ganz im Gegenteil. Ich lernte Mädchen kennen und tat so, als wollte ich nichts weiter als Freundschaft, fragte irgendwann nach einem Date, bekam einen Korb und deutete ihre Zurückweisung um – sie seien zu dämlich und oberflächlich, um mich wertschätzen zu können.

Am schlimmsten war es, als ein Mädchen quasi anbot, mich zu bezahlen, um mit ihr zum Homecoming-Ball zu gehen – also, nicht *mich* zu bezahlen, aber die Eintrittskarten zu spendieren, die absurd überteuert waren. Ich lehnte rundheraus ab. Dabei war sie neu an der Schule, einsam und isoliert, genau wie ich es mal gewesen war und im Grunde immer noch war. Und ein widerlicher Teil von mir fand es einfach nur cool, sie abfahren zu lassen.

Zu allem Überfluss hatte ich etwa zur selben Zeit die ersten Grund- für AP-Kurse verlassen und musste doppelt so viel pauken, um am Ball zu bleiben. Während meines Sophomore-Jahres kam dann im Frühling mehr oder weniger alles zum Erliegen. Ich kann weder den Druck noch mein schlechtes Gewissen dafür verantwortlich machen, weil ich schon immer so gewesen bin – ich gehe mit Vollgas ins Rennen, im Frühling gebe ich dann einfach auf und lasse mich bis auf den letzten Platz zurückfallen. Im Herbst geht der ganze Zirkus dann wieder von vorn los. Ich schätze fast, dass ich mir erst selbst eine Grube grabe, aus der ich mich wieder hinauswühlen muss, was bescheuert ist und ineffizient, wenn man eigentlich hoch hinauswill. Das wäre, als würde man immer wieder auf sich selbst einstechen, um sich einen Panzer aus Narbengewebe zuzulegen.

Als mein Junior Year losging, belegte ich AP-Kurse in Bio und US-Geschichte – zwei der anstrengendsten Kurse, die ich je im Leben hatte –, außerdem Algebra 2 und Englisch und alles andere. Es war der Wahnsinn. Und ich wusste genau, wie es laufen würde – ich würde wieder mit derselben Energie den Berg hochmarschieren und dann irgendwann zurück nach unten krachen. Allerdings waren die Schachfiguren meines Lebens mittlerweile weit genug vorgerückt, sodass ich gerade noch mal davonkam. In der Zwischenzeit hatte ich ein paar Freunde gefunden, bessere Noten und weniger Widerwillen mir selbst gegenüber. Und das Mädchen, das mich zum Ball hatte mitnehmen wollen, lief in der Schu le ohne ein Wort an mir vorbei – sie hat nie wieder mit mir gesprochen. Ihr stand DAVID IST SCHEISSE wie in gigantischen Leuchtbuchstaben ins Gesicht geschrieben.

Es kam, wie es kommen musste: Ich lernte ein Mädchen kennen, eine unglaublich optimistische, liebe, gutherzige Person. Zum ersten Mal hatte ich das Gefühl, dass mich jemand so akzeptierte, wie ich war. Ich ließ mich von ihrem Optimismus anstecken: Ich musste nicht mehr *dieser Kotzbrocken* sein. Ich musste nicht in einer Tour unter Beweis stellen, wie toll ich war. Ich konnte tatsächlich einfach nur dieser Mensch mit Fehlern sein, und sie mochte mich trotzdem. Natürlich musste ich prompt versuchen, das Ganze auf die nächste Ebene zu bringen. Ich setzte alles auf eine Karte. Zum allerersten Mal kam ich aus der Deckung.

Sie gab mir einen Korb.

Es brach mir das Herz. Warum mochte sie mich denn nicht so, wie ich sie mochte? Auf meine alte narzisstische Art konnte ich sie nicht verantwortlich machen, weil sie einfach viel zu nett dafür war. Aber so kam ich zu guter Letzt in den Genuss der gleichen Schmerzen, die ich anderen zugefügt hatte, und mir dämmerte, was für ein elender Mensch ich war – und ich wollte die Ursachen dafür ergründen. Warum verhielt ich mich eigentlich immer nach demselben Muster?

Und wo wir schon mal dabei sind: Was hat das Leben für einen Sinn?

Ich musste ein für alle Mal dagegenhalten: nie wieder mit Ablehnung auf die Ablehnung meiner Person reagieren, nie wieder zwischen Aufstieg und Absturz hin- und herpendeln. Das alles war doch bloß ein einziges großes Ablenkungsmanöver gewesen, in das ich mich geflüchtet hatte, um genau diesem Moment, dem Moment der Wahrheit, aus dem Weg zu gehen. Diesmal würde ich mich also nicht bloß aus meiner Grube wieder hinauswühlen, ich würde auf diese Grube einen ganzen Berg aufschütten.

Ich beschloss, so effizient und so produktiv wie nur möglich zu werden. Ich fing an nachzulesen, wie erfolgreiche Menschen ihren Tag gestalteten, und stieß auf eine Reihe von TED-Talks zum Thema Produktivität. Ich lernte, dass alles letztlich eine Frage der Motivation war: Wie kommt man in die Gänge? Wie bleibt man in Bewegung? Und die Antwort, die ich mir letztlich gab, lautete: Ganz gleich, was man tut – man muss es an jedem einzelnen Tag tun, und zwar sklavisch, denn nur so kann Dynamik entstehen und bleibt erhalten. Und Dynamik ist der Schlüssel. Man muss erst den Ball anstoßen und seinen eigenen Rhythmus finden, aber wenn der Ball mal rollt, wird es einfacher – ungefähr so, wie wenn man ein Auto anschiebt: Anfangs muss man wie ein Ochse drücken, damit es überhaupt losrollt, aber dann entwickelt es seine eigene Schwungkraft. Und die hält Leute und auch Bewegungen am Laufen.

Also legte ich mir einen Plan zurecht: Ich würde die Schule von jetzt an wie ein Start-up aus dem Silicon Valley angehen. Ich fing an, den Tag in Dreißig-Minuten-Abschnitte zu gliedern und ihn – buchstäblich – in einer Excel-Tabelle zu erfassen:

3.30 Uhr – aufstehen, frühstücken
4.00 Uhr – für AP-Bio lernen
4.30 Uhr – AP-Bio-Probeklausur

Der Tag endete mit »20.00 Uhr – schlafen«.

Das Gleiche mit meinen persönlichen Gewohnheiten: Mein Frühstück bestand tagtäglich aus einer Schüssel Haferflocken mit Walnüssen, Heidelbeeren, kein Zucker. Schwarzer Kaffee. Statt mich von meinem Vater oder meiner Mutter fahren zu lassen, fuhr ich mit dem Rad zur Schule und wieder nach Hause, drei Meilen hin, drei Meilen zurück. Erhitzt und verschwitzt kam ich heim, setzte mich trotzdem hin und aß zu Mittag, erlaubte mir dann eine halbe Stunde Pause, um mir einen anderen TED-Talk oder John Oliver anzusehen, machte anschließend Hausaufgaben und ging ins Bett und wachte auf und fing wieder von vorn an.

Und endlich verbesserten sich meine Noten nachhaltig. In AP-Bio war meine beste Note bislang eine Drei gewesen, inzwischen schrieb ich schon Zweier. Erstmals im Leben hatte ich das Gefühl, so richtig glücklich zu sein. Ich hatte das Gefühl, endlich meinen Rhythmus gefunden zu haben und Tag für Tag ganz einfach wieder neu loslegen zu können. Ich lernte und schrieb meine Probeklausuren bis zum Tag der entscheidenden Prüfung – und erzielte Bestnoten.

Wie ihr euch inzwischen vielleicht schon denkt, diente all dies in Teilen der Ablenkung von mir selbst. Ich hatte eine Heidenangst davor, feststellen zu müssen, dass ich gar nicht so großartig war, wie ich sein wollte. Deshalb rede-te ich mich gern selbst klein – bis hin zu Banalitäten wie: »Klar mögen dich die Mädchen nicht, so mager, wie du bist.« Wenn jemand dann mir gegenüber eine Bemerkung dieser Art machte – na und? Das hatte ich mir selbst ja schon tausendmal gesagt. Allerdings stellte sich heraus, dass all die harte Arbeit, die Dynamik und die Weigerung, noch mal so wie früher abzurutschen, tatsächlich aus sich heraus eine Befriedigung waren. All das war ein weiterer Beweis dafür, dass ich nicht *dieser Kotzbrocken* sein musste.

Irgendwann fing ich an, alles um mich herum mit anderen Augen zu betrachten. Aus dem Fernsehen und in der Schule hatte ich beispielsweise einiges zum Thema Ungleichheit hinsichtlich Vermögen, sozialer Schicht und ethnischer Herkunft gelernt, doch erst jetzt, da ich nicht mehr so achtlos gegenüber mir selbst war, konnte ich das mit meinem eigenen Ringen um das Lesenlernen in Verbindung bringen. Irgendwann im selben Frühling las ich *Schloss aus Glas,* was mich damals wie heute schwer beeindruckt hat. Ich konnte mich nur zu gut mit der Autorin identifizieren, die fror und quasi ständig am Kohleofen hocken musste – nicht dass es für mich auch nur annähernd so schlimm gewesen wäre, aber es erinnerte mich wieder daran, wie auch ich gefroren hatte, nur dass ich jetzt eben auch erkannte, wie gut ich es hatte im Vergleich zu allem, was Jeanette Walls erleben musste. Also sagte ich mir: »Na ja, wenn sie all das durchgemacht hat und am Ende so erfolgreich war, dann kann ich das auch.«

So blöd es klingt, aber ich glaube, es lief letztlich darauf hinaus, dass ich meine Mitmenschen als Menschen betrachtete. Das war die Lösung für viele meiner Probleme. Mit einem Mal befand ich mich sozusagen auf Augenhöhe mit all dem Leid dieser Welt, betrachtete es nicht mehr mit einem intellektuell analytischen Blick von oben herab; stattdessen fühlte ich es. Also beschloss ich, auch daran zu arbeiten. Statt all meine Kraft nur darauf zu verwenden, produktiv und effizient zu sein, würde ich mir die gleiche Mühe geben, um ein besserer Mensch zu werden.

Ich rief TED-Talks auf, die ich zuvor übersprungen hatte. In einem ging es um die Vorzüge des Vegetarismus, also wurde ich Vegetarier, was meine Mutter zur Verzweiflung brachte. Ein anderer TED-Talk handelte von Meditation, die fügte ich in der 3.30-Uhr-Zeile auf meinem Excel-Sheet ein und fing an, täglich erst einmal zwanzig Minuten lang zu meditieren. Ich versuchte, meine CO_2-Bilanz zu verbessern, indem ich so wenig wie möglich Auto fuhr und nur kalt duschte. Nach einer Weile spürte ich tatsächlich eine körperliche Veränderung – mein Stresspegel war niedriger, ich fühlte mich fitter, und im Kopf war ich klarer. Letztlich machte mich all dies effizienter und gleichzeitig menschlicher – was irgendwie lustig ist, weil ich doch ursprünglich versucht hatte, diese supereffiziente Welteroberungsmaschine zu werden, und am Ende das Mitgefühl für mich entdeckte, und ausgerechnet dieses Mitgefühl erwies sich als Motor der Effizienz. Wenn man es eher praktisch formulieren will, bedeutet dies schlicht und ergreifend: Man kann verdammt viel mehr erreichen, wenn man mit anderen zusammen- statt gegen sie arbeitet.

Und die Leute, die glauben, man sei produktiver, wenn man sich nicht mit Mitmenschen und ihren Fehlern herumschlagen müsse? Die liegen falsch. Man muss seine eigenen Fehler erkennen, sonst versteht man die der anderen nicht, und das heißt nur, dass man weder sich selbst noch anderen bei Problemen behilflich sein kann. Und das wiederum heißt, dass wir gewisse Probleme nie lösen können.

Und um Lösungen ging es mir jetzt. Was wäre die Lösung für all die Probleme der Welt? Na ja, wie wär's mit Bildung für Frauen? Ich teile feministische Standpunkte, weil meine Mutter eine derart starke Frau ist, und über das Ringen um Gleichberechtigung hatte ich schon in meinem AP-Geschichte-Kurs gehört, doch jetzt tauchte ich in die Geschichte ein, sah mir TED-Talks dazu an und stellte fest, dass sich die Lebensqualität für alle jedes Mal massiv verbesserte, sobald die Frauen mehr Rechte bekommen hatten. Frauen waren die Triebfeder zur Beendigung der Sklaverei. Die Frauen, die den Busboykott von Montgomery organisiert hatten, lieferten den Startschuss für die Bürgerrechtsbewegung. In Ländern wie Afghanistan beginnt wirtschaftlicher und sozialer Aufschwung immer mit der Ausbildung von Frauen.

Außerdem verfolgte ich 2016 die Wahlen – meine erste echte Präsidentschaftswahl. Um ganz ehrlich zu sein, mochte ich Hillary nicht besonders – die Korruptionsvorwürfe waren einfach viel zu präsent –, trotzdem hätte ich beileibe lieber sie als erste Präsidentin gesehen als wieder mal einen typischen weißen Mann, der mehrere Frauen sexuell belästigt und bedrängt und damit auch noch vor laufender Kamera geprotzt hatte. Auch über Themen wie den Klimawandel und soziale Gerechtigkeit dachte ich immer öfter nach.

Gegen Ende des Jahres 2016 fühlte ich mich, als wäre ich wie Lex Luthor in einem Eisblock eingesperrt gewesen, der jetzt endlich zerbarst. Nur ein kleines Beispiel – ich hatte immer Nachrichtensprecher werden wollen. Nachdem ich doch schlau war und mich gut ausdrücken konnte, dachte ich, ich könnte der Mike Wallace meiner Generation werden. Doch als wir es im Medientechnik-Kurs ausprobierten, war ich einfach nur schrecklich. Also konzentrierte ich mich stärker auf Reportagen – und lernte wieder dieselbe Lektion: Nicht ich bin die Geschichte. Ich bin hier, um die Geschichten anderer Menschen zu erzählen.

Und apropos Geschichten anderer Menschen – ich werde zu redselig. Lauren hatte bereits in der Middle School Amokläufe an Schulen durchgenommen.

Das stimmt. Also, das klingt jetzt natürlich verrückt – in der Schule lernen zu müssen, wie man den Schultag überlebt. Aber wir nahmen Amokläufe an Schulen durch wie jedes andere Thema auch. Das Unterrichtsfach hieß Peer Counseling, was so viel heißt wie: Leute beraten Leute, die in ein und derselben Lebenssituation stecken – und ja, das klingt vielleicht schräg, ich weiß, aber wir wurden unterrichtet von Ms. Rioux, einer der Lehrerinnen und Lehrer, die mich am meisten geprägt haben.

Ms. Rioux spielte uns jeden Morgen »I Was Here« von Beyoncé vor und forderte uns auf, genau auf den Text zu achten. Wir alle sollten versuchen, die Welt ein Stück besser zu machen. Sie nahm mit uns Themen und Probleme durch, die Teenager draußen in der realen Welt hatten. Eine Unterrichtseinheit handelte von Drogen, eine andere von Suizidprävention, wieder eine andere von psychischen Erkrankungen – solche Sachen eben. Wir lernten, in welchen Phasen Trauer verlief und was es bedeutete, jemanden zu verlieren. Und wie David schon sagte, eine Unterrichtseinheit beschäftigte sich auch mit Amokläufen an Schulen. Wir sahen uns eine Folge aus *Glee* an, in der sie befürchteten, ein Amokläufer würde in der Schule sein, nur dass es sich am Ende als falscher Alarm entpuppte. Ich weiß noch, dass ich eines Tages über ein Aufklärungsvideo der Hilfsorganisation Sandy Hook Promise stolperte, das von einer normalen Schule wie unserer handelte, an der sämtliche Warnsignale für einen bevorstehenden Amoklauf übersehen worden waren. Es war eine nette Geschichte – bis es mit einem Mal ganz entsetzlich wurde. Und ich weiß noch, dass ich am nächsten Morgen zur Schule ging und als Allererstes Ms. Rioux aufsuchte, weil mir diese Geschichte dermaßen zugesetzt hatte. *Ist das wirklich so? Sollten wir uns Sorgen machen?* Am selben Tag wich sie in sämtlichen Klassen von ihrem Lehrplan ab, zeigte stattdessen das Aufklärungsvideo und diskutierte mit den Schülern.

Da war ich in der Siebten.

In derselben Klassenstufe lernten wir in Gemeinschaftskunde, dass bestimmte Lobbygruppen unsere Regierung kontrollieren und völlig im Griff haben. Und ich weiß noch, wie ich mit meinen Freunden darüber diskutierte, wie komplett verkorkst das war – das ist unsere Demokratie, sollte da nicht der Bürger die Macht haben? Meine Freunde und ich waren angewidert.

In Gemeinschaftskunde hatten wir Mr. Grisette. Wenn ich jetzt darüber nachdenke, war sein Unterricht einfach fantastisch. Jeden Morgen schrieb er eine Frage an die Tafel. Um diese Frage entwickelte sich dann das Unterrichtsgespräch. Ich hab immer noch mein Heft von damals, weil ich den Unterricht einfach nur wunderbar fand. Und Mr. Grisette wiederum fand mich wunderbar. Ich kann mich noch daran erinnern, dass ich mich auf eine Frage gemeldet hatte und er so begeistert von meiner Antwort war, dass er die Klasse spontan zu einem Applaus aufforderte. »Wow«, dachte ich, »anscheinend weiß ich wirklich einiges über unsere Regierung«, und ich verspürte so was wie Macht, denn auch wenn ich noch nicht wählen durfte, wusste ich, dass ich für künftige Wahlen gewappnet war.

Mr. Grisette behandelte all seine Schüler so, als wären es seine Kinder. Wenn Ms. Rioux die Mutter der Schule war, dann war er der Vater. Er war den Schülern gegenüber so fürsorglich, dass seine Anstrengungen und sein Einsatz zur Folge hatten, dass wir uns ebenfalls anstrengten. Er betrachtete seine Arbeit wirklich als eine Art Training für zukünftige Vorbilder. Ich habe wahnsinnig gute Erinnerungen an diese Zeit und an diese Klasse. Ich weiß noch genau, wo meine Freundinnen Alyssa und Gina saßen. Mr. Grisette nannte Alyssa immer »Giggles«, weil sie so viel Fröhlichkeit in sich hatte, und Gina führte manchmal einfach nur so vor der Klasse einen Tanz auf.

Wir waren alle irre aufgeregt, als wir an die High School wechseln sollten, die unsere großen Brüder und Schwestern bereits besuchten. Hier ist wieder mein großer Bruder.

Im Sommer nach meinem Junior-Jahr passierten zwei Dinge: Ich arbeitete als Freiwilliger in einem Altersheim, was viel dazu beigetragen hat, mich zu einem menschlicheren Wesen zu machen. Und ich war zu Besuch in Kalifornien. Als Erstes habe ich mich bei dem Mädchen entschuldigt, das gedacht hatte, sie wäre meine Freundin. Auch wenn es dafür zu spät war – natürlich! –, fühlte es sich verdammt gut an. Endlich tat ich das Richtige.

Den nächsten kleinen Durchbruch erlebte ich am Strand. Ich war mit einem meiner alten Middle-School-Freunde dort, und wir saßen einfach nur rum und waren mit uns selbst beschäftigt, als dieser Rettungsschwimmer auf uns zumarschierte und meinen Kumpel anblaffte, weil der sein Surfbrett auf einen Abfalleimer gelegt hatte. Mein Kumpel hielt nicht mal allzu sehr dagegen, aber mit diesem Typen war es ganz objektiv durchgegangen – er beugte sich bis auf wenige Zentimeter zu ihm runter und schnauzte ihn an: Er werde nie wieder einen Fuß auf diesen Strand setzen. Dabei war es ein öffentlicher Strandabschnitt! Nur weil mein Kumpel sein Brett auf den Mülleimer gelegt hatte, damit es nicht sandig wurde!

Ich sagte kein Wort. Das war eine Sache zwischen dem Rettungsschwimmer und meinem Kumpel, hier ging es nicht darum, welchen geistreichen Konter oder welches noch so berechtigte Argument ich dagegensetzen konnte. Also legte ich nur mein Handy in den Schoß, kippte es leicht in den richtigen Winkel und filmte das Ganze.

Was als Nächstes passierte, war für mich die Bestätigung dafür, dass ich endlich auf dem richtigen Weg war. Mein Kumpel und ich kehrten zu ihm nach Hause zurück, kürzten das Video ein bisschen ein, ich schrieb »Copyright David Hogg« auf den Splash Screen und lud es auf Reddit hoch. Am nächsten Morgen war die Geschichte USA-weit auf den Titelseiten – und sogar in diversen anderen Ländern. Dann rief jemand von CBS2/KCAL9 aus Los Angeles an. »Stehst du uns für ein Interview zu deinem Video zur Verfügung?« Und ich antwortete: »Klar doch.« Das Beste war allerdings, dass gegen den Rettungsschwimmer intern ermittelt werden sollte. Für mich war das der Beweis, dass dieses Medium eine Wirkkraft hatte und dass eine Einzelperson in der Welt tatsächlich etwas bewegen konnte. Ich konnte Dinge verändern.

Ich will ganz ehrlich sein. Natürlich hab ich mir Wunder was darauf eingebildet.

Trotzdem lag das Beste immer noch vor mir. Als ich nach Florida zurückkehrte und mein Senior Year begann, lernte ich Emma González kennen. Auf den ersten Blick stieß mich ihr rasierter Kopf ehrlich gesagt ab. »Die will doch nur provozieren.« Allerdings hatten wir ein paar gemeinsame Kurse belegt, sodass wir uns immer wieder über den Weg liefen und ich miterleben konnte, wie zuvorkommend und respektvoll sie sich verhielt, und mein erster Eindruck schlug um in: »Eigentlich ist dieses Mädchen mit dem rasierten Kopf ziemlich cool.«

Unsere erste Unterhaltung drehte sich um Memes, hauptsächlich weil wir in Medientechnik gut die Hälfte der Zeit damit verbringen, alberne Clips aufzunehmen, die als Memes taugen könnten – keine Katzenvideos, eher ein durchgeknallter Tanz oder witzige Schnipsel aus der Popkultur, die das Potenzial haben, viral zu gehen. In unserer Generation machen wir das ganz automatisch.

Irgendwann trafen wir uns auch außerhalb des Kurses und unterhielten uns über Politik und darüber, wie verkorkst die Welt sei. Wir sprachen über Frauenrechte und die Umwelt. Wir fanden heraus, dass wir beide in Sachen Weltall komplette Nerds sind, und konnten Ewigkeiten darüber sprechen (@elonmusk, bitte häng ein bisschen mit uns ab). Ich weiß, dass zumindest ich vom Universum besessen war, weil es die ultimative Übersicht, das ultimative Gesamtbild liefert, in dem die Menschheit als Ganzes sichtbar wird. Und ich hatte auch diese Idee, dass da draußen ein Zufluchtsort fern einer Welt des Hasses und des Zorns sein könnte.

Emma sprach oft davon, wie traurig es sei, dass so viele die Andersartigkeit ihrer Mitmenschen nicht akzeptieren könnten. Ihrer Ansicht nach brauchte und verdiente jeder Liebe, und das Erstaunliche an ihr ist, dass sie diese Liebe wirklich lebt. Ich sage das nicht leichtfertig. Sie ist die liebevollste und ehrlichste Person, die ich je kennengelernt habe.

Sie war im Grunde der Auslöser. Ich lernte allmählich andere Leute kennen und ging den nächsten notwendigen Schritt – nicht nur weil ich begriffen hatte, dass es auch noch andere Menschen auf der Welt gab, sondern weil ich langsam, aber sicher lernte, wie ich sie lieben konnte. Ich fand heraus, dass es wichtig ist, seine Gefühle offen zu zeigen, weil andere keine Verbindung zu dir herstellen können, wenn du immerzu damit beschäftigt bist, Dinge für dich zu behalten, mit denen du unzufrieden bist. Außerdem wurde mir klar, dass ich diese Liebe für andere Menschen immer schon in mir getragen und nur zu viel Angst gehabt hatte, sie offen zu zeigen. Und zu guter Letzt dämmerte mir, dass zwischenmenschliche Beziehungen unendlich komplex sind und man deshalb nicht einfach von null auf hundert gehen kann, so wie ich es früher versucht hatte.

Ich nehme an, wir waren alle in einer vergleichbaren Situation. Womöglich sind alle Seniors so. Wir werden langsam erwachsen und sind nicht mehr nur Hormone auf zwei Beinen. Lauren würde sagen: Wir verstehen irgendwann, wie wir den Schlüssel einsetzen können.

Ich könnte noch erwähnen, wie merkwürdig das Timing im Leben mitunter ist: In diesem Jahr habe ich AP-Regierungspolitik belegt, und wir diskutierten über Waffen und Politik. Wir diskutierten über die NRA und wie sie Politiker unter Zugzwang setzt – nicht nur Demokraten, auch Republikaner. Es läuft alles mehr oder weniger hierauf hinaus: »Will ich Kinderleben schützen oder wiedergewählt werden?« Dabei ging es nie darum, andere zu hassen. Man könnte behaupten, dass Waffenbefürworter allesamt alte weiße Männer sind, die nichts Besseres mit ihrer Zeit anfangen können – aber zumindest engagieren sie sich politisch. Daran sind die allerwenigsten interessiert oder haben die Zeit dafür. Eine Menge Waffenbefürworter sind außerdem Menschen, die aus einer staatsbürgerlichen Besorgnis heraus das Militär und die Polizei unterstützen, und das ist bis zu einem gewissen Punkt ja durchaus in Ordnung. Auf der einen Seite sind sie große Befürworter unserer Rechtsstaatlichkeit, auf der anderen haben sie das Bedürfnis, sich zu bewaffnen, um im Fall der Fälle gegen die Regierung aufzubegehren und Polizei- und Streitkräfte zu erschießen. Das widerspricht sich eklatant. Wenn jemand die Regierung stürzen will, dann ist er schon nicht mehr Republikaner. Und das Gleiche gilt für die Demokraten: Man sollte meinen, als Demokrat steht jemand für mehr Rechte und Freiheiten und weniger staatliche Kontrolle ein – doch in diesem Fall ist es genau umgekehrt. Als hätten sie da etwas vertauscht.

Genau darüber haben wir im Unterricht diskutiert – und über die Vorstellung einer »wohlgeordneten Miliz«, wie es im Second Amendment, dem zweiten Verfassungszusatz, heißt, und was die Bedingungen waren, unter denen er 1791 verabschiedet wurde. Damals hatten wir kein stehendes Heer oder auch nur einen Etat für entsprechende Ausgaben, und bewaffnete Zivilisten waren unser einziger Schutz gegen Angreifer von außen. Insofern wurzelt der ganze Konflikt tatsächlich in den Konföderationsartikeln, weil die dem Kongress nicht gestatteten, eigene Steuern zu erheben oder auch nur die Soldaten aus dem Unabhängigkeitskrieg zu besolden. Zwar haben wir nach und nach die meisten Mängel behoben, aber dann geriet das Second Amendment irgendwie in Vergessenheit – bis es uns seit gut fünfzig Jahren auf einmal um die Ohren fliegt. Inzwischen erinnern die Konservativen sich nicht mehr daran, dass es die bewaffneten Zivilisten, von denen dort die Rede ist, nur zu einem Zweck gegeben hat: nämlich um die Regierung zu stützen. Heutzutage geht es nicht mehr darum, eine Waffe zu tragen, um ein verantwortungsvoller US-Bürger zu sein. Es geht darum, so viele Waffen wie nur irgend möglich zu besitzen, damit man einschreiten kann, wenn die Regierung sie einem wegnehmen will – oder im Klartext: Es geht um den Nervenkitzel.

Um es noch mal zu sagen: All diese Dinge, die in meinem Leben passierten, fügen sich plötzlich zusammen. Ich hatte das Gefühl, dass es genau zwei Wege gab, wie man sein Leben leben konnte: indem man sich abkapselte und die anderen hasste – oder indem man sich ihnen gegenüber öffnete und versuchte, sie lieben zu lernen. Diese Erkenntnis führte dazu – und das haut mich bis heute um –, dass ich am Tag vor dem Amoklauf das überwältigende Bedürfnis hatte, Emma anzurufen und ihr zu erzählen, wie viel sie mir bedeutete. Ich rief sie an und sagte so was wie: »Du bist so ein fantastischer Mensch, ich weiß nicht, was du getan hast, um so gut zu werden, aber ich weiß, dass du die Welt verändern wirst, und ich kann es kaum erwarten, dir dabei zuzusehen.«

Ich bin unendlich froh, dass ich zum Hörer gegriffen habe. Wenn ich es an jenem Tag nicht getan hätte, hätte ich vielleicht nie wieder die Chance dazu gehabt. Und dieser Gedanke traf mich später mit voller Wucht. Das ist ein weiterer Grund, warum ich wusste, dass ich etwas unternehmen musste. Man kann nicht auf bessere Zeiten warten. Sobald man die Tür gefunden hat, muss man den Schlüssel umdrehen.

Wie gesagt, ich kann nicht für alle sprechen. Aber wenn mich jemand fragt, wie ich in einem Satz beschreiben würde, wie der Schlüssel funktioniert, ist dies meine Antwort: Wir müssen lernen, uns dafür zu lieben, was wir sind, statt uns dafür zu hassen, was wir nicht sind.

Und dann müssen wir andere genauso lieben.

Denn wenn man damit auch nur einen Tag wartet, könnte es sein, dass dieser Tag nie anbricht.

4.

NACHWIRKUNGEN: LAUREN

Nachdem David an jenem Abend, dem Abend des Valentinstags, mit seinem Rad weggefahren war, fiel ich praktisch ins Koma. Ich konnte mich einfach nicht mehr wachhalten. Das Gleiche passierte am nächsten Abend und am übernächsten und danach wochenlang. Tagsüber musste ich zwischendurch immer wieder schlafen, dann fiel ich abends so gegen acht oder neun Uhr in einen komatösen Schlaf und wachte mitten in der Nacht auf, sodass ich den nächsten Tag schon wieder erschöpft begann. Es fällt mir immer noch schwer, eine Nacht durchzuschlafen. Das geht sehr vielen Kindern von meiner Schule so. Nie hätte ich gedacht, dass ein Trauma das mit einem macht, aber so ist es.

Als ich am nächsten Tag, dem 15. Februar, aufwachte, war mein erster Gedanke, dass das alles nur ein schlechter Traum gewesen und jetzt ein normaler Tag sein musste, ich mich also besser rasch für die Schule fertigmachen sollte. Dann fühlte es sich an, als würde ich von einem Lkw überfahren – es war wirklich passiert. Erst gestern.

Ich erinnere mich noch, dass ich aufstand und ans Fenster trat. Dort sah ich den Sonnenaufgang, und schlagartig wurde mir bewusst: »Oh mein Gott, meine Freunde sehen das nicht.« Es traf mich so hart, dass meine Freunde, die gestern noch da gewesen waren, nie mehr einen Sonnenaufgang betrachten würden.

Als ich am Vorabend zu Bett gegangen war, hatte ich gewusst, dass zwei meiner besten Freundinnen tot waren. Irgendwann am nächsten Tag, ich weiß nicht mehr genau, wann, erfuhr ich, dass noch zwei weitere gute Freundinnen tot waren.

Alles kam mir total unwirklich vor. Ich weiß gar nicht, wie ich es beschreiben soll. Als wäre alles vernebelt und ich in einem nebelhaften Traum. Ich weiß, dass David meint, ich hätte drei Tage lang nicht aufgehört zu weinen. Dass er anrief, um zu hören, wie es mir ging, und ich kaum sprechen konnte, sondern die meiste Zeit einfach ins Telefon heulte. Ich weiß es wirklich nicht mehr.

Ich erinnere mich allerdings, dass er schon an jenem ersten Abend diesen Satz gesagt hat, der dann in allen Nachrichtensendungen zitiert wurde: »Bitte … Wir sind Kinder. Leute, ihr seid doch die Erwachsenen. Ihr müsst irgendwas tun und Position beziehen. Arbeitet zusammen, lasst eure politischen Interessen beiseite und bewirkt endlich was.«

Irgendwie weiß ich noch, dass ich ihn am nächsten Tag im Fernsehen sah, als er sagte, seine Schwester habe überlebt, aber ihre Freundinnen nicht, und dass es einfach inakzeptabel sei, dass diese Amokläufe an Schulen immer wieder passierten. Ich war stolz auf ihn, und es fühlte sich gut an zu wissen, dass er das machte, um mich zu beschützen. Aber gleichzeitig fühlte ich mich auch schlecht, weil ich eigentlich rausgehen und auch etwas tun wollte. Ich schaffte es nur einfach mental nicht. Ich war quasi blind vor Trauer. Deshalb war alles, was ich unternahm, ein paar Tweets zu schreiben.

Ich erinnere mich auch noch daran, dass ich an jenem Tag, also dem Tag danach, im Pine Trails Park Recreation Center war. Meine Mom wollte mich hinbringen, weil es dort Trauerbegleiter gab, die mit uns reden sollten. Aber eigentlich wollte ich nicht hin. Ich wollte überhaupt nicht nach draußen. Sie musste mich fast mit physischer Gewalt dazu zwingen.

Beim Reinkommen sah ich meine Klassenkameraden, aber ich erkannte sie irgendwie nicht. Wir sahen alle nicht aus wie wir selbst. Keiner wusste, was er sagen oder machen sollte. Ich weiß noch, dass ich beim Reingehen darauf geachtet habe, was die anderen anhatten. Ausgerechnet das!

Ich schätze, mein Gehirn hat einfach versucht, sich auf etwas zu konzentrieren, was es kontrollieren und verstehen konnte, anstatt etwas derart Unbegreifliches begreifen zu müssen.

Ich erinnere mich noch daran, was ich dachte, als ich vor den beiden Trauerbegleitern Platz nahm: Gibt es überhaupt Worte, um das auszusprechen? Trotzdem begann ich, meine Geschichte zu erzählen, was schwer genug war. Noch schwerer machte es, dabei die Therapeuten mir gegenüber weinen zu sehen.

Nach den therapeutischen Gesprächen tauschten sich all die Jugendlichen darüber aus, was sie jeweils noch nicht wussten. Etwa dass einige der Eltern zehn Stunden hatten warten müssen, bis sie erfuhren, dass ihre Kinder unter den Toten waren. Einige meiner Freunde waren ins Hotel Marriott gebracht worden, weil ihre Eltern noch bei der Arbeit gewesen waren. Genau dort ließ man allerdings auch alle Eltern warten, deren Kinder getötet worden waren. Die Mutter einer meiner Freundinnen war sehr eng befreundet mit der Mutter von einem der vermissten Jugendlichen und wartete mit ihr dort bis halb drei Uhr morgens, bis die Eltern endlich erfuhren, dass ihre Kinder tot waren.

Für Freitagabend wurde im Park eine Mahnwache organisiert. Auf der Bühne standen siebzehn Weihnachtsengel, die jeweils die Namen der Toten trugen. Bei diesem Anblick fingen wir alle an zu weinen und umarmten einander. Der Vater meiner Freundin Jaime meldete sich zu Wort. Er nannte sie »das Leben auf einer Party, die Energie im Raum«. Da weinten alle noch lauter. Dann sprach er davon, dass er sie in die Schule geschickt hatte, weil er davon ausgegangen war, sie sei dort sicher, aber nun war sie tot. Es war einfach schrecklich. Viele Geistliche sprachen Gebete. Der Sheriff war auch anwesend, genau wie ein paar Politiker. Alle sprachen von Waffenkontrolle, was zwar irgendwie gut war, doch niemand ging wirklich davon aus, dass das irgendwas bewirken würde. Ich meine, nach dem Amoklauf an der Sandy Hook ist ja auch nichts unternommen worden. Also wussten wir zwar, dass sie es wahrscheinlich gut meinten, aber es war quasi auch eine negative Erinnerung.

Danach lag ich wieder schlaflos in meinem Bett, dachte an meine Freundinnen, die vorhin nicht dabei gewesen waren, und hielt so meine eigene Nachtwache für sie ab.

Gina, Jaime, Alaina und Alyssa, das waren ihre Namen. Jedes Mal wenn ich an sie denke, sehe ich ihre Gesichter, höre ihre Stimmen und meine, ihre Gegenwart zu spüren, so wie es sich anfühlte, in einem Raum mit ihnen zu sein, sich zu unterhalten und Quatsch zu machen. Ich erinnere mich an Alainas Lachen oder daran, wie Alyssa Fußball spielte. Ich wünsche mir, dass all die Leute, die sagen, wir sollten nichts tun, sie genauso sehen könnten.

Gina war so eine Art liebenswerter Nerd. Sie liebte Naturwissenschaften, war richtig gut in Kunst und verrückt nach Büchern – sie las praktisch immer. Sie war ein wirklich besonderer Mensch, aber das Tollste an ihr war, dass sie sich nie darum kümmerte, was die anderen dachten, und genau das machte sie so anziehend. Die Leute liebten sie einfach. Wenn sie einen Raum betrat, hieß es sofort: »Da ist ja Gina!« Wir waren im selben Kurs Naturwissenschaften, deshalb arbeiteten wir wirklich jeden Tag bei jedem einzelnen Projekt zusammen, und es war absolut unglaublich, wie gut sie war. Wir führten so viele Gespräche darüber, was wir tun wollten, wenn wir älter wären, wo wir aufs College gehen wollten. Alle meine Freunde führten diese Gespräche, und zu wissen, dass sie nie in der Lage sein werden, das zu tun, worüber wir sprachen, macht mich so traurig.

Jaime besaß wahrscheinlich das größte Herz, das ich je erlebt habe. Sie mochte jeden, und jeder mochte sie, denn sie war der netteste Mensch, den man sich vorstellen konnte. Und sie gehörte zu den Leuten, die einem sagen können, dass man traurig ist, auch wenn man das selbst noch gar nicht bemerkt hatte. Also zum Beispiel, wenn ich einen richtig schlechten Tag hatte und sie mich ansah und fragte: »Bist du okay? Was ist denn los?« Sie war einfach so süß und mitfühlend und engagierte sich so für andere. Und mein Gott, sie war so entschlossen, ihre Ziele zu erreichen, wenn sie erst erwachsen wäre. Sie hatte quasi schon ihr komplettes Leben geplant. Sie wusste, auf welches College sie gehen und dass sie Ärztin werden wollte. Sie wusste sogar schon ganz genau, wo sie arbeiten wollte. Und sie liebte es zu tanzen. Dafür nahm sie an so vielen Wettbewerben teil, dass wir schon Witze über ihren Stress machten, weil sie so viele Schultage verpasste. Sie war einfach ein großartiger Mensch, der liebenswerteste, den man sich vorstellen kann.

Alaina war eine meiner besten Freundinnen in der Schule. Ich kannte sie schon seit Jahren, weil meine Freundin Sammy dieselbe Kirche besucht – sie sind beide Mormonen – und Alaina sich dort sehr engagierte. Sie hielt sich gar nicht für besonders schlau, dabei war sie so klug, dass alle mit Fragen zu ihr kamen, weil sie einfach alles wusste. Sie machte aber auch über alles Witze. Mit einem Wort konnte sie die ganze Klasse zum Lachen bringen, und wenn man mal traurig oder müde aussah, dann machte sie einen wirklich cleveren Scherz darüber, sodass man einfach lachen musste. Ich habe meine alten Fotos durchgesehen und bin auf ein Bild von ihr und mir in der siebten Klasse gestoßen. Darauf sitzen wir an einem Tisch und schreiben Karten zum Valentinstag für unsere Freunde.

Alyssa war die erste Person, die supernett zu mir war, als ich mitten in der sechsten Klasse gerade erst nach Florida gezogen war. Und sie war eine meiner besten Freundinnen in der gesamten Zeit an der Middle School. Sie besaß dieses wirklich ansteckende Lachen. Das war so etwas wie ihr Markenzeichen. Mr. Grisette, unser Lehrer in der Siebten, nannte sie immer »Giggles« und nie Alyssa. Dann hieß es: »Bist du mit dem Test schon fertig, Giggles?« Einfach weil sie nie aufhören konnte zu kichern. Wenn es im Klassenzimmer ganz still war, dann lachte sie einfach so los, und alle anderen fingen auch an zu lachen, ohne überhaupt zu wissen, warum. Mir fällt keine bessere Beschreibung ein – sie war ein Mädchen, das einfach nicht aufhören konnte zu lachen. Und sie war auch richtig, richtig intelligent. Sie besuchte mit mir zusammen den Debattierkurs, und so fuhren wir dann zu Debattierwettbewerben.

Manchmal war ich dermaßen beeindruckt von ihren Argumenten, dass mir die Leute, die dagegenhalten mussten, richtig leidtaten. Im Fußball war sie auch klasse. Aber am wichtigsten war, dass jeder sie mochte. Das kann ich nicht oft genug wiederholen.

Gina, Jaime, Alaina, Alyssa.

Ich kann mich einfach nur glücklich schätzen, dass diese vier Mädchen meine Freundinnen waren. Jeder unserer Mitschüler, der getötet wurde, hatte natürlich seine eigene Clique guter Freundinnen und Freunde, seine eigenen besonderen Eigenschaften, die der Freundeskreis schätzte, seine eigene Familie, die sie oder ihn unendlich liebte. Alle diese Wellen der Trauer überspülten unsere Schulfamilie und unsere ganze Gegend.

Eine Sache möchte ich noch loswerden. Falls wir uns jemals begegnen sollten, sagt mir bitte nicht, dass es euch leidtut. Das ist eine andere nervige Sache, die ich aus allem, was passiert ist, lernen musste: dass man jemand, der so etwas durchgemacht hat, nicht wirklich trösten kann. Wenn ihr sagt: »Es tut mir so leid«, dann klingt das irgendwie nutzlos oder fast so, als würdet ihr meinen: »Weißt du, es tut mir leid, aber damit habe ich meinen Teil auch geleistet.« Selbst wenn ihr es total mitfühlend und nur gut meint, gibt es einfach nichts, was ihr sagen könnt, damit so jemand sich besser fühlt. Am besten ist es wahrscheinlich, nur zu sagen: »Ich bin für dich da.« Aber dann sollte man auch wirklich danach handeln. Wir sind nämlich nicht bescheuert. Ziemlich schnell haben wir kapiert, dass manche Leute tatsächlich nur sagen: »Okay, ich war auch traurig, also bin ich ein guter Mensch, und jetzt zurück zu dem, womit ich gerade beschäftigt war.«

Darüber dachte ich nach, als ich meine ersten Tweets verschickte. Vorher hatte ich Twitter überhaupt nicht genutzt oder vielleicht nur ein- oder zweimal, um zu sehen, wie es funktioniert. Damals gehörte ich noch nicht zum Team, sondern sah mir nur die Nachrichten an. Aber ich kannte Leute, die etwas auf Twitter machten, und wollte wenigstens irgendwas beitragen. Also verschickte ich diese Tweets:

NO ONE SHOULD HAVE TO BE TALKING TO FRIENDS ONE DAY AND SEE THEIR FACES ON THE TV THE NEXT. THIS IS UNACCEPTABLE. THINGS MUST CHANGE IM FOURTEEN NO ONE SHOULD EVER HAVE TO GO THROUGH THIS. PLEASE JUST DO SOMETHING! WE DO NOT NEED COMFORT, WE NEED CHANGE.

WE DO NOT NEED COMFORT, WE NEED CHANGE. THE EVENTS THAT OCCURRED ON WEDNESDAY ARE A DIRECT RESULT OF POLITICIANS INACTION AND UNWILLINGNESS TO DO ANYTHING AT THE RISK OF THEIR POLITICAL AND SOCIAL STATUS. WE CANNOT BE JUST ANOTHER NUMBER

Das erste Begräbnis – Alyssas – fand am nächsten Tag, am Freitag, statt. Zwei Tage nach dem Amoklauf. Aber meine Mom ließ mich nicht hingehen, weil sie fand, es sei noch zu früh und dass ich das vielleicht nicht verkraften würde.

Ich ging allerdings zu Jaimes Beerdigung. Obwohl ich an der Schule wirklich gut mit ihr befreundet gewesen war, hatte ich ihre Eltern nie kennengelernt. Es war so furchtbar traurig, ihnen unter diesen Umständen zum ersten Mal zu begegnen. Das muss ungefähr eine Woche danach gewesen sein. Es gab noch mehrere andere in dieser Zeit. Ein Begräbnis verpasste ich, weil ich in Kalifornien war. Danach fühlte ich mich so schlecht, dass ich Blumen aufs Grab legte und den Teddybären dort alles sagte, was ich zu sagen hatte.

Die ganze Zeit über sah ich David kaum. Ich wusste zwar, dass er da draußen war und eine Menge Interviews gab, also nahm ich an, er war einfach damit beschäftigt. Ich hatte keine Ahnung, dass er sich mit Cameron, Emma und den anderen bei Cameron zu Hause traf, wo sie die Gruppe gründeten. Ich wünschte nur, er hätte mir davon erzählt, dann wäre ich mitgekommen. Aber ich denke, er versuchte einfach, mich zu beschützen und von allem fernzuhalten. Er glaubte wohl, er sollte derjenige von uns beiden sein, der das machte, da er keine engen Freunde verloren hatte.

An einem der Wochenenden fuhr unsere Mom mit uns nach Kalifornien, weil sie dachte, ich bräuchte etwas Zeit fern von Florida und Parkland, die ich mit den Freunden aus Kindertagen verbringen könnte. David hat dort auch einen Freund, der sogar sein ältester Freund ist und den er ebenfalls sehen wollte. Außerdem war er Gast in der Sendung *Dr. Phil,* um unser Anliegen einer breiten Öffentlichkeit vorzustellen. Ich begleitete ihn, und was mich dort am meisten schockierte, war die Aussage einer Überlebenden des Amoklaufs an der Columbine. Sie kam nach der Sendung zu uns und meinte: »Es bricht mir das Herz, euch das sagen zu müssen, aber ihr gehört jetzt auch zum Club derjenigen, die so etwas erlebt haben, und das ist übel, aber ihr werdet für den Rest eures Lebens dazugehören.« Ich weiß noch, wie ich mir in dem Moment dachte: »Ach, du meine Güte, das ist absolut wahr. Und jeder andere, der dabei war, wird auch zu diesem Club gehören.«

Am selben Tag, dem Tag bei *Dr. Phil,* erfuhren wir, dass Donald Trump Jr. einige Tweets von Leuten gelikt hatte, die Verschwörungstheorien über meine Familie verbreiteten. Im ersten ging es vor allem um meinen Bruder und meinen Dad:

> One America News @OANN Could it be that this student is running cover for his dad who Works as an FBI agent

at the Miami field office Which botched tracking down the Man behind the Valentine day massacre? Just wondering. Just connecting some dots ...

Ich war perplex. Wie schon gesagt, ich wusste, dass es so was wie Trolle gab. Aber dieser Tweet wurde von Graham Ledger, dem Moderator einer richtigen Fernsehsendung, verbreitet. Und er enthielt den Link zu einem Artikel auf einer Webseite namens *Gateway Pundit.* Später fand ich heraus, dass Präsident Trump die Webseite auch schon mal gelobt hatte.

Der andere Tweet stammte von einem Typen, der sich »Thomas Paine« nannte und zu einer Story auf einer anderen dieser Webseiten verlinkte. Die Überschrift dort lautete: FORSCHER TRUMP-HASSENDER ÜBERLEBENDER VON SCHULSCHIESSEREI IST SOHN VON FBI-AGENT; LÜGENPRESSE UNTERSTÜTZT INKOMPETENTES FBI. In dem Artikel nannte man David »das Kind, das sich darüber auslässt, dass Donald Trump und die Grand Old Party gemeinsam helfen, High-School-Kids zu ermorden, indem sie am Second Amendment festhalten«.

Was soll man dazu überhaupt sagen? Wenn man diese Sachen in der Schule durchnimmt oder im Fernsehen davon hört, ist das nur irgendein abstraktes Thema, das einem gar nicht wirklich real vorkommt. Dann passiert so was, und man ist geschockt. Du denkst dir: »Warum bin ich geschockt? Ich wusste doch, dass diese Sachen passieren.«

Aber man ist es trotzdem, weil es einfach dermaßen schwerfällt zu glauben, dass Leute diese Dinge wirklich machen.

Nachdem wir von *Dr. Phil* aufgebrochen und mit Freunden zurück in unser altes Viertel gefahren waren, musste ich mich erst mal schlafen legen. Ich war schon im Auto eingepennt. Richtig früh am nächsten Morgen, so gegen vier Uhr, begann mein Handy zu vibrieren und hörte gar nicht mehr auf. Irgendwann stand ich auf und schaute auf Instagram, um zu sehen, was los war. Ich stieß auf lauter White Supremacists, also Rassisten, und Neo-Nazis, die in meinen Instagram-Account schreckliche Sachen geschrieben hatten. So was wie: *Du wirst in der Hölle schmoren, du bist eine Schauspielerin, deine ganze Familie wird in die Hölle kommen.* Einer schrieb: *Deine ganze Schule gibt es gar nicht, ihr seid alles Schauspieler.* Ich dachte noch, wie bizarr, dass jemand so etwas überhaupt denkt. Meine ganze Schule?

Da wurde ich richtig wütend und schrieb diesen Tweet:

> Hey @FLOTUS you say that your mission as First Lady is to stop cyber bullying, well then, don't you think it would have been smart to have a convo with your step-son @DonaldJTrumpJr before he liked a post about a false conspiracy theory which in turn put a target on my back

Das ging viral, und mich überraschte, dass ich mich danach wirklich gut fühlte. Einfach zu wissen, dass Leute uns unterstützten, und zwar richtig leidenschaftlich, das half mir. Vor allem wenn andere mich auf demselben Thread angriffen. Auch das überraschte mich – nicht weil es passierte, denn wir wissen doch alle, dass es Trolle und solche Typen im Internet gibt, sondern weil die Ersten Frauen waren und eine sogar schrieb, sie habe eine Tochter in meinem Alter.

Ich habe extra nachgesehen, was genau sie geschrieben haben:

> @KelliPrewitt You mean how your bullying every company who supports NRA? Pot calling kettle black. smh

Irgendwann war ich so neugierig, dass ich mir das Profil dieser Frau ansah. In ihrer Selbstbeschreibung steht: *mag Tiere, Kunst, Reisen, DIY, Basteln … Zeit mit Familie & Freunden verbringen.* Klingt nett.

Und hier die mit der Tochter:

> @spoutsmith And one day, when the govt has become tyrannous, you'll need a gun (or you can just throw rocks at the militias)! DUH … everything isn't about one moment in your life! You better get your shit straight little girl.

Ich habe ihr geschrieben, dass sie mir leidtut.

Eine andere Sache, die ich auch lächerlich fand, war, wie viele dieser Leute, die uns angriffen, meinten, wir sollten gar nicht mitreden, weil wir nur Kinder wären und von diesen Themen sowieso nichts verstehen würden. Dabei hatten wir genau an dem Tag, als es passierte, an diesem Morgen, als alle einander Blumen schenkten und sich gegenseitig umarmten, in der zweiten Stunde Debattierkurs, und es ging gerade um die NRA. Unser Lehrer erzählte uns, dass sie die einflussreichste Lobbygruppe in Washington ist und deshalb jeder Angst davor hat, sich mit ihr anzulegen. Dann sprachen wir noch darüber, wie Demokratie funktioniert, über Waffengesetze und all das. Das war nur ein paar Stunden vor dem Massaker.

Ab dem Melania-Tweet hatte ich das Gefühl, wirklich ein Teil der Bewegung zu sein. Ich wusste schon davon, weil ich Dinge in den Nachrichten gesehen und David darüber reden gehört hatte, aber ich wusste nicht, was genau sie machten. Ich nahm an, die ganze Zeit, die David bei Cameron zu Hause verbrachte, nutzten sie hauptsächlich, um noch mehr Interviews zu geben. Eines Abends, ich weiß nicht mehr genau, wann, ging ich wieder viel zu früh ins Bett, weil ich mir die Augen fast ausweinte und dermaßen erschöpft war. Dann wachte ich plötzlich auf und dachte: »Was mache ich hier eigentlich? Ich kann ja die Zeit nicht zurückdrehen. Ich werde meine Freundinnen immer vermissen, aber Weinen nützt gar nichts.« Also ging ich ins Zimmer meines Bruder und erklärte ihm: »Ich muss irgendetwas tun.«

Da erzählte er mir, was vor sich ging. Es ist eigentlich ziemlich witzig, dass ich die anderen alle auf einmal kennenlernte. Ich war schon wieder total müde und wollte nach Hause, um mich ein wenig hinzulegen, und David meinte, er hätte ein Treffen an der Schule, und wir könnten ihn auf dem Heimweg dort absetzen. Und dann sagte er, dass er mich seinen Freunden vorstellen wolle, und nahm mich mit.

Die meisten kannte ich schon. Emma hatte ich manchmal gesehen, wenn ich nach der Schule mit David zum Astronomie-Club ging. Und Ryan Deitsch kannte ich, weil ich mit seiner Schwester Sam richtig gut befreundet bin. Aber einfach nur in diesem Raum zu sein, die Energie und Zuneigung zwischen allen zu spüren, so etwas hatte ich noch nie erlebt. Sie waren wie eine Familie. Aber nicht so, wie wenn man sagt: »Hey, wir sind wie eine Familie, weil wir andauernd zusammen abhängen.« Sondern wie eine echte Familie. Da war so viel Liebe in diesem Raum.

Also musste ich natürlich auch mitmachen. Und wenn ich jetzt zurückblicke, dann wird mir klar, dass es das Beste war, was ich tun konnte. Einfach rausgehen und zu versuchen, etwas zu verändern, das ist wie eine Therapie.

Wir gingen zwei Wochen lang nicht zur Schule, weil die Stoneman Douglas geschlossen war. An der Middle School lief der Schulbetrieb allerdings weiter, also ging ich dorthin, um ein paar Lehrer zu besuchen. Es war mir ein echtes Bedürfnis, Mr. Grisette zu sehen. Ich ging zu seinem Klassenzimmer, klopfte an das rechteckige Fenster in der Tür und schaute hinein. Nie werde ich vergessen, wie seine Augen aufleuchteten. Er sprang auf, rannte durchs Klassenzimmer und weinte bereits, als er mich erreichte. Dann umarmte er mich, so fest er konnte. Er war dermaßen froh, mich lebendig zu sehen.

Die Sache ist, dass Mr. Grisette eigentlich nie eine Schülerin oder einen Schüler umarmt, weil er nicht irgendwie seltsam rüberkommen will. Dafür schüttelt er einem immer intensiv die Hand oder gibt einem High Five, aber an diesem Tag umarmte er mich wie gesagt, so fest er konnte. Da stand Alyssas Tisch und der von Gina. Mr. Grisette hatte seinen Schülern erklärt, dass sie sich da nicht hinsetzen konnten.

In gewisser Weise hatte er nicht nur zwei Schülerinnen verloren, sondern zwei Kinder. Er hatte zwei geliebte Menschen verloren.

Das Letzte, woran ich mich aus dieser Anfangszeit erinnere, ist, dass wir endlich wieder zur Schule gingen. Und genau wie in Mr. Grisettes Klassenraum sah ich auch an der High School den leeren Platz, an dem meine Freundin immer gesessen hatte. Dass sie nicht da war, um herumzualbern und was Nettes über meine Outfits zu sagen, wie sie es immer gemacht hatte, dass ich ihr nicht zulächeln und Geheimnisse anvertrauen konnte, also, das war furchtbar schwer. Und bis heute muss ich an jedem einzelnen Tag, wenn ich dieses Klassenzimmer betrete, dort sitzen und neben ihrem leeren Tisch versuchen zu lernen.

Auf diesen Plätzen sitzt niemand mehr. Die Lehrer können sie kaum ansehen. Wie ein Grab sind sie mit Rosen bedeckt und dadurch eine ständige Erinnerung daran, was mit den Jugendlichen passiert ist, die einst dort saßen. Ich muss noch mal den Begriff »surreal« benutzen, weil es mir manchmal vorkommt, als sei meine ganze Klasse tot. Als wäre niemand von uns mehr dort und der Raum einfach komplett leer.

5.

#NEVERAGAIN

Als die Polizei uns endlich gehen ließ, rannte ich zum Parkplatz und entdeckte dort meinen Vater. Um uns herum schluchzten überall Kinder, Eltern weinten, das Blaulicht der Kranken- und Streifenwagen blitzte über die Gesichter, all diese Momentaufnahmen, die man im Kino schon x-mal gesehen hat, wenn Menschen einfach nur die Fassung verlieren. Ich selbst schwankte zwischen Wut und Taubheit. Nur bei einer Sache war ich mir sicher: Ich musste an einen Computer.

Ich hatte Bildmaterial – Live-Bilder aus dem Klassenzimmer, in dem ich mich versteckt hatte, und sogar O-Töne von ein paar Mitschülern, die ebenfalls dort gewesen waren – und ich war »Teenlink«-Reporter für unsere Lokalzeitung, die *Sun Sentinel.* Ich musste das Material augenblicklich meinem zuständigen Redakteur zukommen lassen.

Ehrlich gesagt kam mir das Ganze immer noch nicht real vor. Als wir den ersten Schuss hörten, hatte ich in meinem AP-Kurs Umwelt gerade unterschiedliche kommunale Abfallkategorien durchgenommen. Wie Lauren schon sagte: Unsere Lehrer hatten uns erzählt, dass die Schule eine Amoksimulation plane, bei der Schauspieler mit Platzpatronen um sich schießen sollten, damit wir auch wirklich Schüsse hörten. Ich drehte mich zu einem Kumpel um und sagte: »Mann, das klang wie ein Schuss.« Und er antwortete: »Ja, irgendwie schon.« Dann schrillte der Alarm los, wir standen auf und machten uns auf den Weg in Richtung Sammelpunkt.

Ich war der Letzte, der das Klassenzimmer verließ. Möglicherweise sagte mir mein Instinkt, dass ich vorsichtig sein sollte, denn ich bin mir ziemlich sicher, dass ich nicht über Spider-Mans Spinnensinn verfüge, der mir eingeflüstert hätte, das hier könnte real sein. Das schien schlichtweg unmöglich zu sein. Ich weiß noch, dass ich mich an meine Lehrerin wandte: »Das ist doch ein Probealarm, oder?« Sie antwortete nicht. Allein das hätte mir ein bisschen Sorgen bereiten müssen, stattdessen dachte ich bloß: Mannomann, diese Platzpatronen klingen vielleicht echt!

Als wir das Erdgeschoss erreichten, kam diese Flut aus Schülern auf mich zu, die schrien: »Nicht hier lang! Lauft da nicht hin! Er kommt von da!« Ohne darüber nachzudenken, schloss ich mich ihnen an, so nach dem Motto: Okay, das machen wir jetzt also. Später erfuhren wir, dass wir in diesem Moment in Richtung des Amokläufers rannten. Und wir wären ihm direkt in die Arme gelaufen, hätte ein Hausmeister uns nicht aufgehalten und gerufen: »Nicht da lang! Er ist dort drüben!«

Im selben Moment riss Ashley Kurth die Tür zu ihrem Klassenraum auf. Wir waren an die sechzig, siebzig, die in rund dreißig Sekunden zu ihr reinstürzten. Ein Mädchen hatte eine Panikattacke, aber Maître Kurth, die Kochen unterrichtete, wiederholte immer wieder: »Es ist bloß ein Probealarm, ist doch schon gut, es ist bloß ein Probealarm«, und vermutlich wollten wir ihr glauben, weil wir uns alle recht schnell wieder beruhigten, so komisch das klingt. Vielleicht hatten wir auch nur schon zu viele Amokübungen gehabt; mal abgesehen davon, dass die Details realistischer waren als sonst, war das hier im Grunde ein Bestandteil unseres Alltags.

Ich suchte mir einen Sitzplatz und versuchte, Lauren zu erreichen. Ich hatte kein Netz, aber in unserer Schule ist der Handyempfang nie besonders gut. Dann wollte ich online Nachrichten checken, aber das ging auch nicht. Allerdings blockiert unsere Schule auch sämtliche Suchmaschinen außer Bing, insofern war ich nicht überrascht. Außerdem wussten wir von früheren Probealarmen genau, was wir in so einem Fall zu tun hatten – Türen verrammeln und auf die Polizei warten.

Dann hörte ich das Dröhnen von Hubschrauberrotoren. Die müssen irgendwie eine Art Ultraschallvibration aussenden, weil ich sie obendrein spüren konnte. Es ist ein gespenstisches Geräusch – finde ich jedes Mal, wenn ich es höre. Es fühlt sich an, als käme das Wummern aus dem eigenen Inneren. Und für diesen Bruchteil einer Sekunde lief es mir eiskalt den Rücken hinunter, und mir kam der Gedanke: »Ach du Scheiße – was, wenn es doch echt ist?«

In so einer Situation gehen einem eine Menge Dinge durch den Kopf. Ein Teil von mir dachte: Ich werde sterben, ein anderer: Ich sterbe nicht, das hier ist nur ein Probealarm, und ein dritter: Wenn ich jetzt sterben muss, bleibt unsere Stimme hoffentlich weiterhin zu hören, und zwischendurch erinnerte ich mich wieder an meinen Lehrer, der uns von den Milliarden und Abermilliarden Menschen erzählt hatte, die seit Anbeginn der Menschheitsgeschichte auf diesem Planeten gelebt hätten – all die Komparsen –, und dass wir uns nur an ein paar Hundert von ihnen erinnerten. All die anderen Menschen sind Komparsen, die im Nichts aus Zeit und Weltall verschmelzen.

Mal ehrlich, ich wüsste nicht, was ich getan hätte, wenn ich im vorangegangenen Jahr nicht so viel meditiert hätte. Ich hätte eine Panikattacke haben oder versuchen können, aus dem Klassenraum zu flüchten. Stattdessen konzentrierte ich mich auf meine Atmung, entspannte die Schultern und lauschte auf meine innere Stimme. Und ohne darüber nachzudenken, zückte ich mein Handy und fing an zu filmen.

Wahrscheinlich war dies das Beste, was ich tun konnte. Seit ich mir meine GoPro gekauft hatte, hat mich das Gefühl der Kamera in der Hand immer beruhigt. Wann immer mir mulmig gewesen war oder ich mich fehl am Platz gefühlt hatte, hatte ich angefangen zu filmen. So hatte ich über Belichtung und Blickwinkel nachdenken und in den Flow kommen können. Als ich gerade frisch nach Florida gezogen war, hatte ich mich so sehr als Einzelgänger und Außenseiter gefühlt, dass die Kamera quasi zu meiner Eintrittskarte geworden war. »Ich hab einen Grund, hier zu sein«, besagte sie. »Ich weiß genau, was ich tue.« Und als ich mich später dann ernsthafter mit dem Thema Berichterstattung beschäftigte, fand ich heraus, dass man auf so gut wie jeden zugehen und sagen konnte: »Ich arbeite für die *Stoneman Douglas Evening News,* darf ich Ihnen ein paar Fragen stellen?«

Da sagt jeder Ja, sogar Polizisten und Politiker. Es ist beinahe wie eine geheime Superkraft.

Allerdings hatte ich jetzt ein ganz anderes Problem. Ich konnte den anderen ja nicht mein Handy ins Gesicht halten und sie noch stärker traumatisieren, als sie es ohnehin schon waren. Ich hatte nie zuvor über einen Brand oder einen Verkehrsunfall oder etwas in der Art berichtet, insofern hatte ich keine Ahnung, wie professionelle Reporter sich in solchen Situationen verhalten. Hier musste ich erstmals darüber nachdenken, wie man als Journalist Leid schildert. Für einen Moment war ich wie gelähmt. Was sollte ich jetzt tun – über die Zimmerwände schwenken? Und selbst wenn ich ihnen mein Handy vors Gesicht hielte, was sollte ich fragen? »Wie fühlst du dich gerade?« Was würden sie sagen? »Ich habe Angst«? Oder: »Ich bin wütend«? Da konnte man genauso gut ein »Brennbar«-Etikett auf eine Dose kleben, um zu zeigen, wie es sich anfühlt, in Flammen zu stehen.

Allerdings war Lähmung keine Option. Eine Extremsituation kann zum Wendepunkt werden, der den Rest deines Lebens bestimmt, oder zumindest vermittelt das so gut wie jeder Film, den ich jemals gesehen habe. Wenn ich jetzt meinen Antrieb verlöre, würde ich ihn vielleicht nie wiederfinden.

Ich konnte also nur eines tun: die Kamera auf mich selbst richten und beschreiben, was los war; allerdings war diese Vorstellung unheimlich. Ich wusste schließlich, dass ich nicht gut darin war, und mir wurde übel bei dem Gedanken, ausgerechnet in einer derartigen Lage meinen inneren Narzissten rauszulassen. Aber mir fiel nichts anderes ein.

Ich würde einfach so professionell sein müssen, wie ich nur konnte.

Ich drückte auf Aufnahme. »Also, wir sind im Moment in der Schule, ein Amoklauf – und das ist kein Probealarm«, sagte ich. Dann gab ich die exakte Zeit an, beschrieb die Schüsse und berichtete, wie wir anfangs alle geglaubt hatten, es wäre eine Amokübung. Das fühlte sich okay an. Es gibt einen Grund, warum ein Reporter nicht selbst die Story sein sollte – wie sich herausstellt, macht der nüchterne Betrachter den weit besseren Eindruck.

Dann fiel mir nichts mehr ein, was ich hätte erzählen können.

Ein paar Minuten später hatte jemand endlich Zugang zum Internet bekommen und rief einen Live-Bericht auf, also zeichnete ich eine Art Sondermeldung auf, in der ich erzählte, der Verdächtige sei jetzt als ein Senior namens Nikolas Cruz identifiziert worden – und hier muss ich meinen Lehrern Anerkennung zollen, weil sie uns journalistische Grundprinzipien wie »Bleib bei den Fakten« und »Berichte nicht voreilig« eingebläut hatten, denn ich dachte noch daran zu sagen, dass dies eine unbestätigte Meldung sei (was gut war, denn Cruz war gar kein Senior). Allein das auszusprechen machte mich ein klein bisschen selbstsicherer. Ich hielt mich an klassische Leitsätze, an Regeln, und vielleicht wusste ich sogar, was ich da tat, weil ich wiederholte: »Noch mal: Dies ist eine unbestätigte Meldung.«

Zu diesem Zeitpunkt konnten wir davon ausgehen, dass die Cops draußen alles im Griff hatten und wir jetzt nur noch warten mussten, bis sie zu uns vordrangen, also versuchte ich schließlich doch, ein paar andere Schüler zu interviewen. Die meisten hatten zu Waffenrechtsfragen längst eine gut begründete Meinung entwickelt, was nicht weiter verwunderlich ist, nachdem wir alle über Sandy Hook und Virginia Tech und Columbine im Bilde waren. Ein Mädchen sagte: »Wenn man sich in diesem Verschlag hier umblicken und sehen würde, wie sie sich alle einfach nur verstecken, wüsste man doch, dass so etwas nicht noch mal hätte passieren dürfen und dass niemand es verdient hat, so etwas erleben zu müssen, und kein Geld der Welt dürfte den Weg dafür bereiten, dass man noch leichter an Waffen kommt.« Das Beste allerdings war ein Mädchen, das ihren achtzehnten Geburtstag auf einem Schießstand hatte feiern wollen. »Ich wollte eigentlich NRA-Juniormitglied werden«, sagte sie. »Schon als kleines Kind haben Waffen mich fasziniert.« Sie hatte sogar für laxere Waffengesetze demonstriert.

Doch all das war vor drei Stunden gewesen. »Diese Erfahrung hat mich zutiefst verstört«, sagte sie, »sodass ich die Vorstellung, eine Waffe zu Hause zu haben, gar nicht mehr ertragen kann ... dass eine Waffe auf mich gerichtet wird, auf meine Schule, meine Klassenkameraden, meine Lehrer, meine Betreuer, das ist ... das hier hat mir definitiv die Augen geöffnet.«

Eine Sache, die sie in diesem Interview gesagt hat, hat sich mir allerdings ganz besonders eingebrannt:

Ich habe sogar meinen Schwestern geschrieben: *Schießerei an meiner Schule, ich bin in Sicherheit.* Beide haben geantwortet: *OMG, LOL, du Scherzkeks.*

Als ich das hörte, war meine spontane Reaktion: »Das ist es! Damit bringt sie es auf den Punkt!« Diese kleine Anekdote fasst die verquere Realität, in der meine Generation groß geworden ist, perfekt zusammen – Schulmassaker sind mittlerweile ein so normaler Bestandteil unseres Alltags, dass wir darüber Witze reißen.

Andererseits verstehe ich es auch. Sogar nachdem ich es selbst erlebt habe, bin ich mir nicht sicher, ob es sich für mich jemals real anfühlen wird. Es ist einfach so bizarr und grundverkehrt, dass solche Ereignisse hinnehmbar oder akzeptabel sein sollen – da verfällt man in eine Art Wachtraum. Allerdings ist gerade das leider wahrscheinlich der Grund, warum ich imstande war, damit umzugehen. Die Leute erzählen mir, ich hätte einfach noch nicht angefangen zu trauern, aber ich will auch gar nicht trauern. Ich will nicht die fünf Phasen durchlaufen, an deren Ende die Akzeptanz steht – jetzt nicht und für alle Zeiten nicht.

Als ich an jenem Tag endlich im Auto saß, habe ich den ganzen Heimweg lang geschrien.

Ich dachte nicht mal darüber nach, es hat mich einfach wie im Rausch gepackt: »Herrgott, es ist wirklich passiert.« Allerdings war das eher ein Gefühl als ein vernünftiger Gedanke. Und als das Gefühl mich überkam, fing ich an, einfach nur »Fuck!« zu schreien, was irgendwie half, damit sich dieses Schockgefühl in etwas verwandelte, was ich besser begreifen konnte. Ich war dermaßen wütend, stinkwütend, wütender als jemals im Leben, hämmerte auf das Armaturenbrett ein und schrie: »FUCK! FUCK! FUCK! FUCK! FUCK!«

Zu diesem Zeitpunkt hatten sie noch keine Todesopfer bestätigt. Mein Vater blieb in der Schule, um auf Lauren zu warten, und ich habe zu Hause mein Videomaterial hochgeladen.

Zu handeln hat eine therapeutische Wirkung.

Ich wusste, dass ich das Beste tat, was ich tun konnte, also ging ich einfach meinem Job nach und verbannte den Rest aus meinem Kopf. Nicht bewusst, eher schon instinktiv. Das Gleiche passierte, als ich zur Schule zurückfuhr, nachdem Lauren nach Hause gekommen war und angefangen hatte, so hysterisch zu heulen – ich hatte das Gefühl, gehen zu müssen, weil ich das dringende Bedürfnis hatte, meine Version der Dinge zu verbreiten, außerdem musste ich ein paar Aufnahmen der Krankenwagen und Einsatzkräfte machen, um sie in mein Live-Material einzubauen, damit mein Beitrag so anschaulich wie nur möglich würde. Vermutlich spielte da auch noch eine Art Überlebensschuld-Syndrom eine Rolle, vor allem weil ich mit keinem der Leute, die umgekommen waren, eng befreundet gewesen war. Es dauerte ein paar Wochen und diverse Sitzungen beim Therapeuten, bis mir klar wurde, dass in Wahrheit dahintersteckte, meiner Schwester aus dem Weg zu gehen. Ich konnte es einfach nicht ertragen, in ihrer Nähe zu sein, während sie dermaßen weinte und ich in dieser Situation nichts tun konnte, um ihr zu helfen.

Lauren weinte die folgenden drei Tage mehr oder weniger nonstop durch. Und es war kein normales Weinen – das war griechische Tragödie, das war die Sorte »Zerreißen der Kleider«. Meine Mutter hätte sie am liebsten in die Notaufnahme gebracht, aber Lauren wollte nicht. Sie heulte einfach nur und schluchzte und schlief ein und wachte auf und fing wieder von vorn an. Ich rief daheim an, und meine Mutter ging ran, und ich bat sie, Lauren ans Telefon zu holen, und dann stand ich da und hörte zu, wie sie versuchte, zwischen den Schluchzern irgendetwas herauszubringen.

Ich selbst fühlte mich nicht furchtbar. Ich fühlte irgendwie gar nichts. Ich wusste nur, dass ich dort draußen sein musste. Also fuhr ich immer wieder hin und gab Interviews, als ginge es nur darum, den Tag irgendwie zu überstehen. Viel weiß ich nicht mehr von den Interviews, was wahrscheinlich ganz gut ist. Ich weiß nur noch, dass ich diese »Wir sind die Kinder, ihr seid die Erwachsenen«-Zeile ziemlich oft wiederholte, weil sie beim ersten Mal anscheinend eingeschlagen hatte, und ich weiß auch noch, dass ich wegen der ganzen Reaktionen im Anschluss leicht gegen Präsident Trump stichelte – aber sein erster Tweet war nun mal gewesen: *Meine Gebete und mein Beileid gehen an die Familien der Opfer der schrecklichen Schießerei in Florida.* Im Ernst? Das war alles? Das Gleiche, was Sie nach Las Vegas und Sutherland Springs gesagt haben? Nachdem Sie von der NRA 21 Millionen Dollar für Ihren Wahlkampf kassiert hatten? Schon mal was von Google gehört?

Ich dachte eigentlich, dass ich mich halbwegs zurückgehalten hätte. Ich hatte nicht mal seinen Namen erwähnt, bloß dass Gebete zwar nett, aber konkrete Maßnahmen besser seien.

Zu diesem Zeitpunkt waren wir bereits ins Visier der Verschwörungstheoretiker geraten – Kinder suchten auf dem Schulparkplatz noch nach ihren Eltern, als die ersten Trolle auf 4chan bereits behaupteten, dass Parkland ein Fake und wir alle Schauspieler seien. In meinem Alter gibt es niemanden, der nicht wüsste, wer Alex Jones ist und was er den Sandy-Hook-Familien angetan hat, insofern war das keine große Überraschung. Ich erwähne es nur, weil mein kleiner Seitenhieb auf Trump die Bluthunde der Waffenlobby auf den Plan rief, die ohnehin nicht wirklich geschlafen hatten. Wann immer irgendetwas Schlimmes passiert und Waffen involviert sind, schlagen sie augenblicklich an und fordern umso mehr Waffen. Der einzige Unterschied bestand diesmal darin, dass wir gegen sie gewappnet waren.

Ehe ich darauf weiter eingehe, möchte ich noch betonen, dass 99,9 Prozent der Leute, denen wir im echten Leben begegnet sind, wirklich rührend und anständig zu uns waren. So viele ehrenamtliche Helfer, Polizisten, ganz normale Mitbürger und sogar eine Vielzahl von Politikern waren genauso frustriert und angewidert wie wir. Danke Ihnen allen! Sie machen uns Mut.

Aber wenn man in ein Wespennest sticht, kennen die Wespen nur eine Art der Reaktion. Uns war klar, dass die Angriffe zusehends schlimmer ausfallen würden. Es ist jedes Mal das Gleiche: Kinder werden erschossen, dann fordern die Eltern ein paar maßvolle Reformen in Sachen Waffenkontrolle, dann fallen Verschwörungstheoretiker und die NRA und FOX über diese fanatischen Kommunisten her, die Amerika vernichten wollen, indem sie allen die Waffen wegnehmen. Das Ganze kommt einer Maschinerie gleich, um Posttraumatische Belastungserkrankungen auszulösen. Und dabei trieben mich ohnehin schon nur noch das letzte bisschen Wut und die Dopaminstöße an, die jene Rührung und Anständigkeit verursacht hatte – was nicht gerade eine nachhaltige Grundlage für jedwede auf Dauer angelegte Bewegung ist.

Was also war dieses Mal anders?

Für meinen Teil fing es mit Emma an. Sie war mit diesem bereits erwähnten Typen namens Cameron Kasky aus dem Theaterkurs befreundet. Ich kannte ihn nicht sonderlich gut, weil er Junior war und wir nur einen Kurs gemeinsam hatten, aber ich wusste, dass er eigene Stücke schrieb und schauspielerte. Nach unserem Kurs hatten wir auch das eine oder andere Mal miteinander rumgescherzt, insofern wusste ich, dass er einen schlitzohrigen, ziemlich provokanten Humor hatte. Ich hatte keinen Schimmer, dass Cameron und eine kleine Gruppe aus seinem Theaterkurs sich bereits heimlich, still und leise darangemacht hatten, den kompletten nationalen Diskurs zu Schulmassakern umzuschreiben, während ich immer noch Fernsehinterviews gab, weil ich fest entschlossen war zu verhindern, dass dies hier zu einer klassischen Zwei-Tages-Story verkümmerte.

Emma war das Verbindungsstück, das uns zusammenbrachte. Zwei Tage nach dem Amoklauf fuhr ich zur konstituierenden Sitzung der Gruppe zu Cameron nach Hause. Außer Emma waren die Einzigen, die ich kannte, als ich dort ankam, Delaney Tarr und Ryan Deitsch, mit denen ich Medientechnik hatte. Die anderen waren alle aus dem Theaterkurs. Mein erster Eindruck war: »Wow, diese Leute sind echt extrovertiert.«

Den überwiegenden Teil des Treffens verbrachten wir

damit zu überlegen, was wir alles unternehmen wollten. Als Medien- und Theaterleute sind wir alle ziemlich liberal eingestellt, sodass wir über den großen politischen Überbau gar nicht erst diskutierten. Uns war klar, dass wir uns auf ein paar vernünftige, erreichbare Ziele konzentrieren und die dann den Leuten wieder und immer wieder einhämmern mussten, also einigten wir uns auf grundsätzliche Dinge wie Background-Checks und eine Heraufsetzung des Mindestalters für den Waffenkauf von achtzehn auf einundzwanzig – Cruz war neunzehn und hatte seine Waffe ganz legal erworben, also war das ein entscheidender Punkt für uns. Wir brauchten einen Hashtag, der es auf den Punkt brachte, und Cameron kam auf die Idee mit #NEVERAGAIN. Manche von uns wussten, was für eine Kraft in diesen Worten steckte und von ihrer Bedeutung im Hinblick auf den Holocaust und die Verfolgung der Juden durch die Nazis, und allein deswegen gebrauchten wir sie mit dem größten Respekt. Aber zu dem Zeitpunkt gab es da im Übrigen wirklich keine passenderen Worte, um unser Ziel zu beschreiben: Wir wollten, dass so etwas nie wieder passierte. Die restliche Zeit haben wir einfach nur gequatscht und einander kennengelernt. Gut möglich, dass wir uns auch ein bisschen über die NRA und gewisse Medienkonzerne ausgelassen haben.

Wir werden immer wieder gefragt, wie wir unsere PR-Kampagne entwickelt hätten. Die Antwort lautet: gar nicht. Wir hatten keinen Schlachtplan, außerdem sind wir Teenager, keiner von uns mag es, irgendwelchen Vorgaben zu folgen. Und genau das erwies sich als die beste Idee – weil es einer Menge individueller Gedanken und individueller

Initiative bedarf, so planlos zu sein. Niemand bat um Erlaubnis oder Bestätigung – sobald einer sich etwas ausgedacht hatte, was zu funktionieren schien, dann legte er einfach los. Einige gaben eine Reihe Interviews, andere waren echte Twitter-Cracks, wieder andere konzentrierten sich auf die Logistik und Koordination.

Von Tag eins an waren wir krankhaft besessen. Wir dachten nicht wirklich darüber nach, woher dieser Tatendrang kam, auch wenn es später selbst ein Blinder sehen konnte. Wir standen einfach Tag für Tag auf und machten weiter, bis wir wieder ins Bett fielen. Ein paar von uns fuhren nicht mal mehr heim. Wir blieben einfach bei Cameron, schliefen auf dem Sofa oder auf dem Boden und sprangen mitten in der Nacht mit einer neuen Idee auf.

Hier ein kleiner Schnappschuss: Drei, vier Tage nach dem Amoklauf hatte ich auf Camerons Sofa gepennt und musste um ein Uhr nachts für ein Live-Interview mit der BBC aufstehen. Ich bemerkte eine Bettdecke am Boden. Nach dem Interview legte ich mich noch einmal hin und stand um sieben wieder auf, weil ich von der Schule aus ein weiteres Live-Gespräch mit CNN führen sollte. Mein Blick fiel erneut auf den Boden, und die Decke war immer noch da, und ich dachte: Was ist denn das da drunter – ah, richtig, das ist Emma. Also weckte ich sie auf, und wir wollten uns schon gemeinsam auf den Weg zu dem Interview machen, aber sie konnte ihre Schuhe nicht finden, deswegen half ich ihr suchen, aber sie waren einfach nicht auffindbar, also liefen wir letzten Endes in den Klamotten los, die wir anhatten: Ich hatte in meinen geschlafen, Emma im Schlafanzug.

Wir kamen gerade noch rechtzeitig an, und mit einem Mal waren wir im landesweiten Fernsehen – und Emma war immer noch barfuß.

Uns war klar, dass unsere Chancen nicht groß waren – wenn die Leute Sandy Hook und zwanzig tote Erstklässler einfach so abschütteln konnten, wie standen dann unsere Aktien? Doch am Samstag passierte etwas, was unsere Aussichten verbesserte, zumindest aus meiner Sicht. Ein paar von uns hatten gerade eine Frühstücksfernsehsendung bei einem Lokalsender hinter sich gebracht, als die Leute dort uns anboten, noch ein paar Pizzas zu spendieren und uns dann nach Hause zu fahren. Da Cameron bereits mit ein paar anderen Kids in einem Park wartete, wo wir über unsere nächsten Schritte diskutieren wollten, baten wir sie, uns direkt dort abzusetzen. So weit, so gut. Doch nachdem unser Treffen begonnen hatte, bat einer der anderen darum, gemeinsam zu beten. Wir hatten nichts dagegen, na dann los, und er hob an – auf dass wir die Barmherzigkeit aufbrächten, Nikolas Cruz zu verzeihen. Wir dachten noch kurz: Okay, meinetwegen, hoffentlich hat es bald ein Ende, als urplötzlich dieser ältere Mann total ausflippt und schreit: »Das ist doch lächerlich, das ist absurd, ihr seid bloß Kinder, ihr wisst ja nicht, was ihr da tut.« Keine Ahnung, ob das der Vater eines der Opfer war oder ein Bekannter oder bloß irgendein Typ, der zufällig auch im Park war, aber mit einem Mal wurden alle wütend und schrien einander an, und dann eskalierte es so dermaßen schnell, dass es schon aussah, als würden die Leute sich jeden Moment an die Gurgel gehen – ich meine es ernst, es wurde allmählich beängstigend. Und natürlich waren die Medien dort, und die Schlagzeile sah ich schon vor mir: *Parkland-Teenies fordern Frieden und machen Krawall.* In diesem Moment hätte es für uns und unsere guten Absichten vorbei sein können.

Doch dann passierte stattdessen das hier: Cameron und ich kletterten auf einen Picknicktisch. »ALLE MAL STILL SEIN!« Als sie sich wieder halbwegs beruhigt hatten, redeten wir einfach drauflos, ohne groß zu überlegen. Das hier ist jetzt nicht der genaue Wortlaut, aber unterm Strich erzählten wir ihnen, dass Hass und Uneinigkeit uns überhaupt erst in diese Lage gebracht hätten und wir es besser machen müssten. Wir schwadronierten und beknieten sie, bis sich die Gemüter wieder beruhigten.

Ich weiß nicht, wie es Cameron ging, aber mir standen Tränen in den Augen. Wenn so etwas bloß vier Tage nach dem Massaker geschehen konnte, war unsere Sache im Grunde zum Scheitern verurteilt. Rückblickend würde ich allerdings sagen, dass dies unsere erste Feuerprobe gewesen war, und die hatten wir bestanden. Die Botschaft sickerte ein.

Aber was war mit dem wütenden Mann? Wenn wir davon reden wollten, eine Kluft zu überwinden, wäre er ein guter Ausgangspunkt.

Andererseits – wer wollte schon mit einem wütenden Mann diskutieren?

Ich musste mir einen Ruck geben, aber dann lief ich zu ihm rüber und sagte so was wie: »Sir, ich weiß, Sie sind wütend, und Sie trauern – das tun wir alle –, aber Ihre Wut macht die Situation nur noch schlimmer.« Nur dass ich es nicht allzu stringent vorbrachte, weil ich immer noch drauf und dran war zusammenzubrechen, und die Wahrscheinlichkeit, dass er mir einfach ins Gesicht schlagen würde, schien einigermaßen hoch.

Stattdessen machte er bloß dieses tieftraurige Gesicht und sagte: »Ich weiß.«

Das war so ein herausragender Moment! Ich kehrte zu den anderen mit dem Gedanken zurück: Vielleicht klappt es ja doch. Vielleicht finden wir doch eine Möglichkeit, die Leute davon abzuhalten, sich gegenseitig an die Kehle zu gehen. Dann lief ich zum Auto eines Freundes, weil ich ein Interview für einen kanadischen Sender geben sollte, und als ich gerade einsteigen will, rennt dieser Typ vom Lieferdienst auf mich zu. »Bist du David Hogg? Ich hab hier fünfzehn Pizzen für dich.«

Ich rief zurück, was mir als Erstes durch den Kopf ging: »Bringen Sie die da rüber zu den Leuten, aber verlangen Sie von ihnen, dass sie sich erst umarmen.«

Das ist der eine Teil der Geschichte. Teil zwei ist mein Interview mit dem Reporter von CBC, der mich fragte, ob ich denn Morddrohungen erhalten hätte. Das warf mich kurz aus der Bahn, sodass er die Frage wiederholte: »Hast du Morddrohungen erhalten?«

Nein, antwortete ich, was zu dem Zeitpunkt der Wahrheit entsprach. Doch am Ende des Interviews dachte ich: Wow, das hier scheint ziemliche Ausmaße anzunehmen.

Urplötzlich schien alles möglich.

Wir legten los, indem wir gegen die NRA in den Krieg zogen.

Die NRA hatte volle vier Tage verstreichen lassen, ehe sie anfing, uns als Aufhänger für einen Unterstützungsaufruf zu missbrauchen. Einige von uns diskutierten immer noch, wie wir reagieren sollten, doch ehe wir zu einer Lösung gekommen waren, twitterte Delaney spontan: *An unsere Legislative da draußen: Von jetzt an können Sie nie wieder Geld von der @NRA annehmen. Von jetzt an können Sie nie wieder unter dem Radar fliegen und einfach tun, was Sie wollen.*

Tags darauf schlug NRA-Geschäftsführer Wayne LaPierre zurück: *Wer immer dieses Land liebt und seine Freiheit schätzt, möge aufstehen und entschlossen das Second Amendment verteidigen – die eine Freiheit, die uns alle beschützt.*

Das Spiel war eröffnet, Wayne. In derselben Minute, da wir es sahen, feuerten wir per Twitter zurück. Mein Tweet war die Antwort auf jemanden, der den Namen eines großen, anerkannten mittelständischen Unternehmens genannt hatte, das NRA-Mitgliedern Spezialrabatte und andere Vorteile einräumte. Ich weiß nicht mal mehr, welches es war, aber ich sah es und schlug den Ball zurück: *Okay, welche anderen großen Firmen unterstützen die NRA? Das kriegen wir doch bis heute Abend hin!* Nur Minuten später postete jemand eine Liste: *Hertz, Avis, Budget …* Dann sprangen uns alle möglichen Leute, die wir nicht einmal kannten, mit Tweets und Facebook-Posts und Anrufen zur Seite, und im Handumdrehen ließ Hertz verlauten, dass sie ihr NRA-Vorteilsprogramm einstellen würden. Als Nächstes Delta Airlines. Dann MetLife.

Natürlich war damit die Schlacht gegen die NRA in

vollem Gange. Die Verschwörungstheoretiker auf 4chan und Reddit hatten uns seit dem Tag des Amoklaufs *crisis actors* (»Krisenschauspieler«) genannt. Erste Morddrohungen trudelten ein. Ein Typ behauptete, er könne den Tag kaum erwarten, an dem er Leute wie mich aufknüpfen dürfe. Sie fingen an, mich mit Hitler zu vergleichen. Alex Jones nahm eine ganze Sendung über Emma und mich als eine Art Hitlerjugend auf. Ich versuche, auf derlei Dinge nicht allzu viel zu geben – mein Rat an alle, die sich in einer solchen Bewegung engagieren: Niemals die Trolle füttern –, aber dann erwischten sie mich doch, als sie Lauren ins Visier nahmen.

Hier eine kleine Kostprobe, damit ihr wisst, was euch erwartet:

Lorin S: »This is the most blatant false flag I've seen since Sandy Hook.«

Michael Payton: »He's a fraud and he deserves to be thrown into jail for perpetrating this hoax on America.«

MarkII691: »CRISIS ACTOR CRISIS ACTOR.«

Den Letzten habe ich ein bisschen einkürzen müssen, weil es buchstäblich seitenlang so weiterging.

Meine Lieblingsreaktion stammt vom »Social-Nationalist Meme Network« … Klingt so herum anscheinend besser als »National-Socialist Meme Network«.

Während sich dieses Zeug also auf YouTube und Facebook verbreitete, erwähnte ich beiläufig, dass mein Dad beim FBI arbeitete. Für die Verschwörungstheoretiker war das nun der abschließende Beweis dafür, dass eine Art Schattenstaat mich ausgesandt hatte, um ihnen all ihre Waffen wegzunehmen. In etwa zur selben Zeit warf Präsident Trump dem FBI vor, sich zu ausgiebig mit den Ermittlungen zur Russland-Connection im Wahlkampf beschäftigt zu haben, anstatt zu verhindern, dass Cruz unsere Schule angriff. Ein, zwei Tage später kombinierte der *Gateway-Pundit*-Blog beides zu einem gloriosen Ganzen: Mein Vater sei beim FBI; das FBI untergrabe Trump; ergo impfe mein Vater mir »Anti-Trump-Gedanken« ein. Jetzt hatte auch Fox den Aufhänger, um seine Story über die Story zu bringen, was bedeutete, die Mainstream-Medien mussten Storys zur Story über die Story bringen. Und sie alle wollten einen Kommentar von mir – der O-Ton, den sie alle brachten, war: »Ich persönlich finde das widerwärtig … Beim FBI sind einige der am härtesten arbeitenden Menschen beschäftigt, die ich im Leben je gesehen habe« – für die Verschwörungstheoretiker bloß ein weiterer Beweis dafür, dass Parkland ein Insider-Job gewesen war, woraufhin alle nur umso mehr Storys bringen mussten.

Zwei Lehren kann man hieraus ziehen, liebe künftige

Aktivisten. Erstens: Lasst euch von all diesem Blödsinn nicht ins Bockshorn jagen. Zweitens: Damit bieten die euch eine umso größere Bühne – nutzt sie, um eure Gegner zu piesacken.

Und stellt sicher, dass ihr Leute wie Sarah Chadwick an eurer Seite habt. Als diese Krisenschauspielersache losging, schrieb sie auf Twitter:

> To clarify, @davidhogg111 can't act to save his life. The fact that some people think he is being payed to is hilarious.

Sie ist gerade mal sechzehn, aber nur zu, legt euch mit ihr an. Macht euch dann nur darauf gefasst, euch besser schnell wegzuducken.

Beweismittel 1: Senator Marco Rubio. Vielleicht eine Woche nach dem Amoklauf sollten wir für CNN an einer Podiumsdiskussion teilnehmen und uns ganz ruhig und vernünftig mit Leuten wie der NRA-Sprecherin Dana Loesch unterhalten. Man muss Rubio zugutehalten, dass er überhaupt gekommen war. Nachdem Fred Guttenberg, einer der Väter, die in Parkland ihr Kind verloren hatten, vergeblich versucht hatte, Rubio zu einer Stellungnahme zum Verbot der Waffengattung zu bewegen, die Cruz verwendet hatte – laut Rubio sei es kurz gesagt zu kompliziert, Jagd- und Sturmgewehre zu unterscheiden –, brachte Cameron die Millionen Dollar zur Sprache, die der Senator von der NRA erhalten hatte. »Hier geht es doch um Leute, die etwas verändern wollen, um uns zu retten, und um Leute, die dem Geld den Vorzug geben«, sagte er. Und dann wollte er Rubio das Versprechen abnehmen, nie wieder NRA-Spendengelder anzunehmen. Doch Rubio wollte es partout nicht geben.

Cameron blieb hartnäckig. »Sie können die NRA im Namen von siebzehn Menschen jetzt nicht darum bitten, sich mit Spenden aus Ihrem Wahlkampf herauszuhalten?«

Und Rubio erwiderte: »Ich würde sagen, im Namen von siebzehn Menschen kann ich dir versprechen, dass ich jedes Gesetz gutheiße, das einen Mörder wie diesen abhält …«

Cameron fiel ihm ins Wort. »Nein, ich spreche von NRA-Spenden.«

Rubio antwortete, es sei »immer auf beiden Seiten Geld im Spiel«, und salbaderte dann weiter, bis Cameron ihm dieselbe Frage wieder stellte. Und diesmal sagte Rubio, er werde »jede Hilfe annehmen«, sofern der Geldgeber mit seinen politischen Zielen konform gehe. Und Cameron ging dazwischen: »Ihr politisches Ziel ist, uns zu beschützen, richtig?«

Was für ein respektloser Teenager.

Das ist aus einem bestimmten Grund relevant: Der Vater hatte zuvor einen respektvollen Ansatz gewählt. Er hatte die Regeln des Anstands befolgt. Obwohl er sein Kind verloren hatte, hörte er höflich zu, als Rubio ihm erklärte, wie unendlich komplex das mit den Waffen sei. Wir hingegen weigern uns, dieses Spiel mitzuspielen, denn die Geschichte hatte uns gelehrt, dass wir anders vorgehen mussten. Ich glaube, Cameron hat es auf den Punkt gebracht. Das hier war eine Woche später in der Talkshow von Bill Maher: »Wir respektieren euch nicht einfach, nur weil da ›Senator‹ vor eurem Namen steht.«

Beweismittel 2: Sarah Chadwick, die einen ihrer Hammer-Tweets abfeuerte:

> We should change the names of AR-15s to ›Marco Rubio‹ because they are so easy to buy.

Der Tweet ging auf Twitter durch die Decke und schaffte es in jede Zeitung und jeden Fernsehsender. Wie hätte es anders sein können? Und ich nehme an, von einer Sechzehnjährigen so eiskalt erwischt zu werden, nachdem zuvor ein Siebzehnjähriger ihn im Fernsehen zerlegt hatte, war für Rubio zu viel – er versuchte prompt ebenfalls per Twitter zu kontern. Die Schlagzeilen am nächsten Tag lauteten folgendermaßen: *Marco Rubio bezeichnet Teenager als »infiziert« von »Arroganz & Schaumschlägerei« – Umfragewerte im Keller.*

Beweismittel 3: Moderatorin Laura Ingraham, die nicht widerstehen konnte und einen eigenen Tweet absetzte:

> HOW TEENS SPEAK TO AND ABT ADULTS: »We shd change the names of AR-15s to ›Marco Rubio‹ bc they are so easy to buy,« Stoneman Douglas sophomore Sarah Chadwick tweeted.

Und Sarah?

I'm a junior.

Weil sie es gewagt hatte anzudeuten, die NRA habe Marco Rubio geschmiert, packte ein Blog namens *Red State* Sarah hart an: »Im Lauf seiner Karriere hat er knapp mehr als 3 Millionen Dollar bekommen. Das qualifiziert einen wohl kaum als ›käuflich‹!«

Stimmt.

Aber geben wir doch »Rubio Waffen« in Google ein und gucken mal, was wir so finden. Er hat ein Jahr nach Sandy Hook gegen das Verbot von Hochkapazitätsmagazinen gestimmt? Er hat gegen ein Gesetz gestimmt, mit dem verhindert werden sollte, dass Personen von der »Terrorist Watchlist« Waffen erwerben? Er ist gegen erweiterte Background-Checks? Und das hier klingt doch bekannt – unmittelbar nach dem Parkland-Massaker verkündete er vom Rednerpult des Senats, es sei sinnlos, halbautomatische Waffen verbieten zu wollen, weil jeder Massenmörder in den USA schließlich jederzeit irgendwo welche auftreiben könne. Himmel, klingt nach einem Problem. Sehen wir doch mal, was er von der Regulierung des Onlinehandels und des Hintertürchens »Waffenmessen« hält. Er findet, diese Regulierung würde Mitbürgern, die einfach nur ohne Background-Check Waffen verscherbeln wollen, eine »enorme Last aufbürden«?

Trotzdem war *Red State* dermaßen selbstgefällig und ahnungslos, dass sie weiter über Sarah herzogen. »Mit 16 wissen Kids heutzutage alles, ja?« Dann versuchten sie es mit ein paar Anspielungen in Sachen Jugendkultur: »Das ist ihr *mean-girl*-Moment. Das ist in etwa so, wie einer Instagram-Konkurrentin zu sagen, dass ihre Schuhe schon letztes Jahr Ramsch waren.«

Sarahs Antwort? Sie teilte die Summe, mit der die NRA Rubio finanziert hatte, durch die Anzahl der Schüler in Florida – und genau deshalb trugen Tausende Teenager beim *March for Our Lives* (»Marsch für unser Leben«) Preisschilder mit der Summe, die Rubio jedes unserer Leben wert war: 1,05 Dollar.

Insofern war dies eine weitere Lehre für uns: Respekt hätte nie dazu geführt, dass Rubio auf Twitter die Zähne gebleckt hätte. Respekt hätte uns nicht in Bill Mahers Talkshow oder auf CNN oder MSNBC oder in all die anderen Sendungen gebracht, für die wir unsere Geschichte wieder und immer wieder erzählen sollten. In Wahrheit mögen die Leute das Kind, das am Ende laut ausspricht, dass der Kaiser nackt ist.

Und weil wir schon mal dabei sind: Präsident Trump muss eingesehen haben, dass seine Gebete und sein Beileid womöglich unpassend gewesen waren, weil er als Nächstes ins Fernsehen ging und verkündete, er sei für umfassende Background-Checks und eine Anhebung des Mindestalters beim Kauf bestimmter Waffen. Er stichelte sogar in Richtung republikanischer Politiker, die vor der NRA katzbuckelten. »Die haben eine große Macht über euch, Leute, sie haben weniger Macht über mich.« Dann lud er ein paar Schüler aus Parkland und anderen Städten zu sich ins Weiße

Haus ein – einer seiner Mitarbeiter rief mich ebenfalls an, aber ich antwortete, ich hätte anderes zu tun –, und setzte dann einen echt herzzerreißenden Tweet darüber ab.

> I will always remember the time I spent today with courageous students, teachers and families. So much love in the midst of so much pain. We must not let them down. We must keep our children safe!!

Anschließend traf er sich mit Wayne LaPierre und beschloss kurzerhand, es sei besser, Lehrer auf dem Schulgelände zu bewaffnen, und twitterte wieder:

> What many people don't understand, or don't want to understand, is that Wayne, Chris and the folks who work so hard at the @NRA are Great People and Great American Patriots. They love our Country and will do the right thing. MAKE AMERICA GREAT AGAIN!

Ein gesetzter Erwachsener hätte wahrscheinlich mit Respekt vor der Würde des Präsidentenamts reagiert. Aber wir waren bloß Kinder, was wussten wir schon? Und noch wichtiger: Welche kindischen, witzigen Dinge würden wir wohl diesmal sagen?

Twitter reagierte mit neuen Hashtags wie #bowingtrump (»buckelnder Trump«) und #dishonestdonald (»verlogener Donald«). Kids aus dem ganzen Land meldeten sich zu Wort, ihre Tweets entwickelten eine virale Kraft und mobilisierten wieder neue Leute. Sie fingen an, Aufklärungsvideos zu drehen und unter #WhatIf auf Twitter-Feeds zu posten, auf denen Kinder Fragen stellten wie: »*What if* – was, wenn wir Kindern mit Problemen helfen statt sie zu Haftstrafen verurteilen würden?« Ein Parkland-Schüler namens Sam Zeif drehte einen fantastischen Clip über seine Erlebnisse an jenem Tag an der Schule und heulte in die Kamera, als er auf den Moment zu sprechen kam, da seinem besten Freund in den Kopf geschossen worden war. Allmählich explodierten unsere Follower-Zahlen – Emma hatte bis zum Valentinstag nicht mal einen Twitter-Account gehabt, und elf Tage später hatte sie mehr Follower als die NRA. Inzwischen sind es mehr als anderthalb Millionen. Und mit jeder neuen Attacke wird die Zuhörerschaft des gesunden Menschenverstands größer.

Auftritt Trump Jr., der einen dieser Verschwörungs-Tweets likte und Lauren die absolut geniale Idee bescherte, der First Lady bei ihrer Kampagne gegen Cybermobbing zu helfen. Auch das ging rum wie ein Lauffeuer.

Ich will jetzt nicht den Eindruck erwecken, wir wären das Zentralkomitee des Twitter-Widerstands. Andere waren dort schon lange vor uns aktiv. Ich bekam es damals nicht mit, weil ich noch mit anderen Dingen beschäftigt war, aber am Tag nach dem Massaker beschloss die Regierung von Florida, einen Gesetzesentwurf auf Eis zu legen, der es erleichtert hätte, eine Erlaubnis für das versteckte Tragen von Waffen zu erhalten. Mit »erleichtert« meine ich, dass sie diese Erlaubnis gewissen Leuten mit gewissen Bedürfnissen noch vor einem Background-Check erteilt hätten. Der Typ, der das entsprechende Gesetz initiiert hatte, teilte dazu mit: »Heute ist nicht der Tag, an dem wir so etwas debattieren sollten.«

Bei den Leuten auf Twitter schlug prompt der Bullshit-Detektor an. *Aufgeschoben, bis keiner mehr hinsieht,* schrieb einer. *Gebt ihnen eine Woche oder so,* schrieb ein anderer. Wir hatten damit nichts zu tun. Wir machten diesen Leuten lediglich ein bisschen Mut und spendeten Applaus, sie applaudierten zurück, andere fielen mit ein, und das Ganze gewann zusehends an Dynamik.

Noch so eine Lektion: Einfach man selbst zu sein ist eine echt gute Strategie.

Außerdem machte es unsere Gegner wahnsinnig. Wir lachten einfach über sie und über uns selbst und schlugen zurück, nur dass wir keine vorgefertigten Statements abgaben wie: *Wer immer dieses Land liebt und seine Freiheit schätzt …* Stattdessen redeten wir wie normale Leute – oder zumindest wie normale Teenager –, und Abertausende wollten sich uns dabei anschließen.

Der Punkt ist doch – nichts von alledem war geplant. Wir hatten keine Berater oder Fokusgruppen angeheuert. Dies ist die Art, wie unsere Generation schon ihr Leben lang kommuniziert hat, und sie entpuppte sich als die perfekte Methode – Sie, Wayne LaPierre, mögen das Second Amendment und Waffen für sich beanspruchen, aber wir haben das First Amendment und Twitter.

Die *National Review* schrieb, wir sollten mal schön den Mund halten, weil wir noch nicht mal den Unterschied zwischen einer Flinte und einem Gewehr kennen würden. Der Moderator von *Fox & Friends Weekend* meinte: »Verzeihen

Sie mir, wenn ich mir die Scheinheiligkeit eines Siebzehnjährigen nicht anhören mag.« Ein anderer vermeintlich einflussreicher Experte machte sich über unsere Videos lustig: »Der neueste Trend ist, nach dem *#WhatIf* zu fragen. Allerdings ist das hauptsächlich ein linkes Vehikel, um Kiddies zu bewegen, linkes Gedankengut zu wiederholen. Es sei denn, Sie glauben ernsthaft daran, dass ein paar Jugendliche eine USA-weite Kampagne gestartet hätten.«

Als es daraufhin Kritik hagelte, fingen die Stänkerer an zu winseln. TV-Moderator Tucker Carlson behauptete, die Medien benutzten uns. Es sei »ein moralischer Erpressungsversuch, und man darf bloß nicht widersprechen, weil man sonst ja ein Kind attackiert«. Nur gut, dass er den Satz an dieser Stelle beendet hat, weil »ein Kind attackiert, dessen Mitschüler in der Schulbank abgeschlachtet wurden« sich nicht ganz so gut angehört hätte.

Manche gaben auch einfach auf und beschränkten sich auf Beschimpfungen – ein Kandidat aus Maine nannte Emma eine »Skinhead-Lesbe«. Ich forderte auf Twitter jemanden auf, sich jener Person anzunehmen, und – huch! – das Lästermaul stieg komplett aus.

In den folgenden Wochen lernten wir, welche Schlachten sich zu schlagen lohnten. Sich mit Trollen und Bloggern auseinanderzusetzen ist reine Zeitverschwendung. Jemand wie Laura Ingraham wiederum hat es nicht anders verdient und gibt eine ganz gute Symbolfigur ab. Sie hatte es buchstäblich ab Tag eins auf uns abgesehen, als sie in einem Beitrag sagte, das AR-15 sei die sicherste Waffe der Welt.

Ich erwischte sie an einem wunden Punkt, indem ich ein

Video für #WhatIf produzierte. Die Eingangsfrage lautete: »*What if* – was, wenn unsere Politiker nicht die Schlampe der NRA wären?«

Sie reagierte mit folgendem Tweet: *Wenn jemand brav zur Schule ginge, wüsste er vielleicht, wie man den Plural bildet.*

Als Nächstes stichelte sie gegen mich, weil ich an vier Colleges nicht angenommen worden war. Das wiederum wirbelte ziemlich aufsehenerregend Staub auf, weil meine Antwort einfach nur in einer Liste ihrer Werbekunden bestand. Viele von ihnen kündigten die Verträge mit ihrer Sendung, und sie entschuldigte sich dermaßen selbstgefällig, dass erst recht die Fetzen flogen: *Nach genauerem Nachdenken und im Geiste der Karwoche entschuldige ich mich, sollte mein Tweet für Verstimmung oder Leid gesorgt haben …*

Mann, hatte Twitter damit Spaß! Am Ende verabschiedete sie sich erst mal in den »Urlaub«.

Unterdessen waren wir mit den Vorbereitungen für den *March for Our Lives* beschäftigt. Wir rechneten damit, dass Hunderttausende kommen würden, und brauchten entsprechend Geld für Flüge und Bustransfers und Hotels. Als unser Bekanntheitsgrad stieg, erhielten wir Spenden von Leuten wie Steven Spielberg und Mike Bloomberg und George Clooney, und unsere Gegner behaupteten prompt, wir seien »nützliche Idioten« der Hollywood-Elite und liberaler Milliardäre. Was sie nicht erwähnten, war die GoFundMe-Seite, die wir ins Leben gerufen hatten und die uns durch Crowdfunding vier Millionen Dollar einbrachte. Oder die Schecks und Briefe, die wir wöchentlich von Tausenden ganz normalen Leuten aus dem ganzen Land bekamen. Hier ist einer meiner Lieblinge:

»Anbei ein Scheck. Er soll der Sache zugutekommen, der ihr euch aus eigener Initiative verschrieben habt. Ich kann nicht nachempfinden, was ihr durchmacht. Ich kann nur sagen, es hätte niemals passieren dürfen. Eigentlich sollen wir doch, indem wir wählen, verantwortungsvollen, gereiften Menschen den Auftrag erteilen, sich ihrer Mitbürger anzunehmen. Dass das nicht geschieht, ist nur offensichtlich. Wenn überhaupt, dann scheint das Gegenteil der Fall zu sein. Eigennutz, Gier und Macht scheinen diese Menschen anzutreiben. Nur deshalb gibt es Amokläufe an Schulen, in Kinos, bei Konzerten. Ich bin es genau wie ihr so leid, Mal um Mal wieder zu hören, dass ›unsere Gedanken und Gebete euch und euren Familien‹ gelten. Das klingt abgedroschen und hohl. Es tut mir aufrichtig leid um eure Mitschüler und Lehrer. Bitte bezahlt mit diesem Geld eure Reise nach Washington, D. C., oder was immer ihr dringend benötigt. Vielleicht könnt ihr tatsächlich etwas bewegen und unseren sogenannten Erwachsenen beibringen, was es heißt, erwachsen zu sein. Ich bewundere euch für euren Mut.«

Der Brief war von einem Mann aus Alexandria, Virginia, unterzeichnet und enthielt einen Scheck über eintausend Dollar.

Seit unsere Freunde ermordet wurden, sind jede Menge Dinge passiert, die unser Leben verändert haben. Wir haben in Harvard Vorträge gehalten und uns der Unterstützung einiger berühmter und mächtiger Leute versichert, und wir durften mit Cher sprechen. Doch nichts davon war so viel wert wie die Briefe dieses Mannes und all der Gleichgesinnten. Sie haben uns Kraft gegeben und dafür gesorgt, dass dies hier wirklich passieren konnte. Wirklich. Auf ihre spezielle Weise haben uns sogar auch diejenigen geholfen, die uns angriffen. Und die achthunderttausend Menschen, die sich uns beim *March for Our Lives* in Washington und bei achthundert weiteren Märschen in sämtlichen Bundesstaaten und auf sechs von sieben Kontinenten angeschlossen haben. Wenn man in dieser Größenordnung die Stimme erhebt, dann hören Leute in Machtpositionen zu. Hier ein paar Beispiele:

- Nach Parkland sank die Beliebtheit der NRA in Umfragen auf den niedrigsten Wert seit fast zwanzig Jahren, und große Unternehmen wie Delta Airlines und Hertz haben ihre Vorzugsprogramme für NRA-Mitglieder eingestellt.
- Der Sportartikel-Einzelhändler Dick's Sporting Goods hat halbautomatische Schusswaffen aus dem Sortiment genommen.
- Der Bundesstaat Massachusetts hat eine Klage zurückgewiesen, mit der das dortige Verbot von Hochkapazitätsmagazinen und halbautomatischen Waffen aufgehoben werden sollte – und zwar mit der Begründung, das Second Amendment dürfe nicht als Legitimation herhalten, um den Tod von Kindern zu riskieren.
- Spannende Tatsache am Rande: Wenn man sämtliche Kids zusammenzählt, die in den dreiundzwanzig reichsten Ländern der Erde durch Waffengewalt ums Leben kamen, *waren 87 Prozent davon US-Amerikaner.*
- In New York wurde ein Gesetz verabschiedet, dem-

zufolge Ehepartner, die handgreiflich werden, keine Waffe mehr führen dürfen.

- Vermont hob das Mindestalter für den Waffenerwerb auf einundzwanzig an und ermächtigte Polizisten dazu, jedem die Waffe abzunehmen, der Anzeichen erkennen lässt, zum nächsten Nikolas Cruz zu werden – der Erlass wurde einstimmig angenommen.
- Die Fondsgesellschaft BlackRock stellte Aktienfonds auf der Basis von Unternehmen zusammen, die keinerlei Verbindung zu Waffenproduzenten oder -händlern haben.
- Die Zahl der Background-Checks stieg sprunghaft auf den höchsten Wert seit ihrer Einführung 1998 an.
- In Deerfield, Illinois, wurde der Besitz von halbautomatischen Waffen verboten, und für den Verstoß werden drakonische Strafen verhängt: eintausend Dollar pro Tag.
- In Parkland, Florida, konnte Anthony Borges endlich das Krankenhaus verlassen. Er ist gerade mal fünfzehn und hatte bei dem Versuch, seine Klassenkameraden zu beschützen, fünf Kugeln abgekriegt.
- Binnen drei Wochen wurde in Florida ein Gesetz zur Waffenkontrolle erlassen – und das in einem der am stärksten republikanisch geprägten Bundesstaaten der USA und mittels eines überwiegend republikanischen Repräsentantenhauses, dessen Mitglieder von der NRA großzügig unterstützt werden – dreiundsechzig Abgeordnete ignorierten das Geld, das sie von der NRA erhalten hatten, und stimmten für das Gesetz.

- Auch in Maryland unterzeichnete ein republikanischer Governor ein Waffengesetz mit weitreichenden Reformen.
- Und zum ersten Mal seit Jahrzehnten waren zwei Drittel der US-Amerikaner der Ansicht, man müsse halbautomatische Schusswaffen wieder verbieten.

Aber wie wir bereits in der Schule gelernt hatten, hebt die Entropie ihr hässliches Haupt, sobald sich etwas verändert. Dann heißt es: Wie können wir so viel Geld und Ressourcen wie möglich mobilisieren und in die am wenigsten sinnvolle Form bringen? Die Antwort: durch *Uneinigkeit. Zwietracht.* Genau das will das Universum, und genau das müssen wir als Gesellschaft vereiteln. Das Universum will, dass wir zerfallen und zersplittern. Chaos ist, was dieser Typ anstrebte, der es nicht erwarten konnte, »Leute wie David Hogg endlich wieder aufknüpfen zu dürfen«. Chaos ist, was die NRA anstrebt.

Verhindern wir es.

6.

DAS PARKLAND-MANIFEST

Vor dem 14. Februar glaubten wir, viel Zeit zu haben. Wir wollten etwas tun, um die Welt zu verbessern. Wir wollten irgendwann als Anwälte, Aktivisten oder Investigativjournalisten für Gerechtigkeit sorgen, verantwortungsbewusste Bürger sein und unsere Kinder zu anständigen Menschen erziehen. Aber erst mal mussten wir die High School abschließen.

Seit dem 14. Februar wissen wir, wie schnell die Zeit ablaufen kann.

Wir haben an der Marjory Stoneman Douglas so viel gelernt. Wir haben uns mit Entscheidungen des Supreme Court befasst, Shakespeare gelesen und die Mysterien schwarzer Löcher erforscht. Enorm viel Zeit haben wir aktuellen Themen wie Armut und Umwelt gewidmet. In unseren Psychologiekursen ging es u.a. um Tod, Trauer und psychische Erkrankungen. Wir debattierten über schärfere Waffengesetze und die NRA. Eine ganze Woche lang beschäftigten wir uns mit Amokläufen an Schulen. Aber all das schien recht weit weg zu sein, fast wie ein Traum. Entweder waren diese Dinge schon vor unserer Geburt passiert oder ganz woanders.

Als es uns passierte, wachten wir auf. Wir wussten, dass wir nicht warten konnten, bis wir auch noch das College abgeschlossen hätten und ins Berufsleben eingetreten wären. Wir mussten die Welt *jetzt* verbessern. Es ging im wahrsten Sinne des Wortes um Leben und Tod.

Also sind wir aufgestanden und haben versucht, uns Gehör zu verschaffen. Wir sind wirklich stolz auf das bis jetzt Erreichte, und wir sind all den Leuten, die sich unserer Sache angeschlossen haben, unendlich dankbar. Sie haben uns Kraft gegeben. Sie haben uns Hoffnung gegeben. Ihr gebt uns Hoffnung.

Aber sehen wir den Tatsachen ins Auge – es genügt noch nicht. Und die Profiteure des Chaos sind immer noch gut im Geschäft.

Sechzehn Tage nachdem wir aufgewacht sind, erschoss ein Mann in Detroit seine Tochter, deren Mutter, seinen Cousin und zwei andere zufällig Anwesende. Der Mann war gerade erst aus dem Krankenhaus entlassen worden, wo man ihn wegen Halluzinationen behandelt hatte. Jeder Mensch, der auch nur ein bisschen was von Geschichte versteht, weiß, dass unsere Gründerväter nicht beabsichtigt hatten, dass jemand, der krank ist, einen Groll oder Kummer hat, in der Lage sein sollte, seinen Zorn auf die Welt mit Waffen auszuleben, die sie sich nicht einmal im Ansatz hätten vorstellen können. Das ist Irrsinn.

Es ist jetzt schon fast Sommer, und die Zahl der Opfer in Amerika steigt weiter. Ohne eine radikale Veränderung der Prioritäten und der hierzulande geltenden Waffengesetze werden unsere Proteste vergeblich gewesen sein. Macht und Zynismus lenken nicht bereitwillig ein. Aber wir haben nicht die Absicht aufzuhören.

Nachdem man sich ein paar Stunden lang in einem

Klassenzimmer versteckt hat, während Schulkameraden und Lehrkräfte abgeschlachtet wurden, kann man einfach nicht aufhören, darüber nachzudenken, wie irrsinnig das ist. Man muss sich vielmehr fragen, wie es sich ändern lässt. Freiwillige Mitarbeit bei politischen Kampagnen? Etwas am Umgang mit psychischen Erkrankungen ändern? Gegen die Waffenlobby kämpfen? Auf umfassende Background-Checks bei Waffenkäufern drängen?

Wir denken, dass ihr das tun solltet. Wir hoffen, ihr tut das. Eine ganze Welt gilt es zu verändern.

Wahrscheinlich wisst ihr nicht, wer Tyra Hemans ist. Sie war an jenem Tag in Parkland und Freunde von ihr starben dort. Sie war mit uns in Tallahassee, als wir die Abgeordneten unseres Bundesstaats aufforderten, etwas zu tun. Sie war auch beim Marsch in Washington dabei. Sie ist eine tolle Rednerin und ein liebevoller Mensch. Aber wir sind berühmt geworden, sie nicht.

Oder was ist mit Zion Kelly? Im September 2017 wurde sein Zwillingsbruder Zaire in Northeast Washington, D.C., von einem Jugendlichen erschossen. Zaire – ein herausragender Schüler und Sportler an der Thurgood Marshall Academy – war gerade mal sechzehn gewesen. Um das Andenken seines Bruders zu ehren und einen Sinn in seinem Verlust zu finden, hat Zion, der eigentlich so schüchtern ist, wie Zaire extrovertiert war, es zu seiner Mission gemacht, aufzustehen, seine Stimme zu erheben und die Welt zu verändern. Es ist uns eine Ehre, dass er in Washington mit uns auf der Rednertribüne stand. Aber wir sind berühmt geworden, er nicht.

Oder was ist mit den Protesten in Liberty City, Miami? Dort wurden im April vier Kinder angeschossen, zwei von ihnen starben. Eines hätte demnächst in die National Honor Society aufgenommen werden sollen. Hunderte von Schülern demonstrierten. Nur eine einzige Zeitung berichtete darüber, nur ein Reporter machte sich die Mühe, die Schüler zu interviewen. Das Bildmaterial fürs Fernsehen wurde von einem Hubschrauber aus gedreht, sodass der Protest von Liberty City wie ein Straßenkrawall aussah. Wir machten Schlagzeilen, die Demonstranten von dort nicht.

Diese Jugendlichen haben genau wie wir versucht, sich Gehör zu verschaffen. Sie haben genau das Gleiche durchgemacht wie wir. Aber sie leben nicht in einer bewachten Wohnanlage. Sie stammen aus schlechteren sozioökonomischen Verhältnissen und haben eine andere Hautfarbe. Anstatt mit dem Fahrrad zur Schule zu kommen und auf ihren iPhones *National Public Radio* zu hören, ohne auch nur einen einzigen Gedanken daran zu verschwenden, dass jemand auf sie schießen könnte, mussten sie sich tatsächlich tagtäglich Sorgen darüber machen. Nach groben Schätzungen ist für sie die Wahrscheinlichkeit, erschossen zu werden, doppelt so hoch wie für uns. Und eine Menge amerikanischer Kinder und Jugendlicher wie sie leben an Orten, wo die Todesrate höher ist als unter den Soldaten in Afghanistan.

Wir sind total froh, dass Leute uns zuhören, aber wir sind hier nicht die Story. Wir sollten nicht die »Stars« dieser Schulmassaker-Generation sein, was in vielerlei Hinsicht eine furchtbare Vorstellung ist. Wenn die Menschen nur aufhorchen, wenn privilegierte weiße Kids getötet werden – und selbst das nur, wenn die Anzahl der getöteten Kinder so hoch ist, dass es eine Meldung in den Nachrichten »wert« ist –, dann werden wir dieses Problem nie in den Griff kriegen.

Also was würde das Problem lösen?

Wenn man einmal angefangen hat, darüber nachzudenken, stellt man fest, wie viel größer das Problem tatsächlich ist. An der Stoneman Douglas haben wir letztes Jahr einen Monat lang pro und contra darüber debattiert, ob man an den Schulen mehr Sicherheitsbeamte einstellen sollte. Das würde die Schulen zwar vermutlich sicherer machen, doch rufen solche Sicherheitskräfte viel öfter reguläre Polizisten, um gegen schwarze Schüler vorzugehen als gegen weiße. Was wiederum bedeutet, dass Schüler mit nicht-weißer Hautfarbe mit größerer Wahrscheinlichkeit in die »Pipeline von der Schule ins Gefängnis« geraten. Es gibt dann einen Vermerk in ihren Akten, was ihre Chancen, einen Job zu finden, verschlechtert. Und die Wahrscheinlichkeit, dass die Gefängnisse irgendetwas tun werden, um sie zu rehabilitieren, ist gering bis nicht vorhanden. Insbesondere dann, wenn sie in eines der Privatgefängnisse kommen – die unser Governor übrigens begeistert unterstützt. Man sollte also eher von einer »Pipeline von der Schule ins Gefängnis in ein kriminelles Leben« sprechen. Das ist verrückt. Wir würden das Problem also de facto verschärfen. Das ist, als läge eine düstere Zukunft vor uns.

Also, was könnte man *dagegen* tun? Nun, Gefängnisstrafen werden ja häufig mit Armut assoziiert, und Bildung ist der beste Weg aus der Armut. Also sollten wir vielleicht stärker versuchen, dafür zu sorgen, dass arme Menschen an den Schulen bleiben. Und wir sollten dafür sorgen, dass sie bessere Schulen bekommen. Mehr Bildung für Frauen und Mädchen ist die beste Methode, um die Schwangerschaftsrate bei Teenagern zu senken, was wiederum eine der besten Möglichkeiten ist, das Armutsrisiko zu verringern. Folglich sollten wir besondere Anstrengungen unternehmen, um auch die ökonomischen und kulturellen Hindernisse zu beseitigen. Aber wo soll das Geld dafür herkommen? Eine vernünftige Regierung würde es vielleicht aus dem Rüstungsetat nehmen, der mehr als die Hälfte unserer Steuern verschlingt, weil er größer ist als die Verteidigungsausgaben der fünf größten Rüstungsbudgets anderer Staaten zusammen. Aber das würde auch bedeuten, dass man Militärstützpunkte in Bundesstaaten schließen müsste, die hart um eben diese gekämpft haben, da sie Geld bringen und so die Armut verringern. Und man müsste etwas gegen die Lobby der Waffenhersteller unternehmen, die Politiker dazu drängen, Waffensysteme zu aberwitzigen Preisen anzuschaffen, die wir weder brauchen noch einsetzen.

Klingt überwältigend, oder? Wahrscheinlich unmöglich. Wenn Armut und Gefängnis und die Möglichkeit, in der Schule erschossen zu werden, nur Dinge sind, die man im Fernsehen sieht; wenn man glaubt, nichts dagegen tun zu können, selbst wenn man wollte, dann neigt man dazu, diese Dinge einfach auszublenden. Wir alle kennen dieses Gefühl. Man nennt es »erlernte Hilflosigkeit«. Ein paar Tage vor dem Amoklauf haben wir das im AP-Kurs Psychologie gelernt: Wenn man in einer schrecklichen Situation denkt, nichts tun zu können, dann gibt man einfach auf. Es ist furchtbar, dass Kinder in Schulen abgeschlachtet werden, aber was werdet ihr dagegen tun?

Wir befragten, als wir über die Erhöhung der Sicherheitskräfte an Schulen debattierten, einige Lokalpolitiker zum Problem der »Pipeline von der Schule ins Gefängnis«. Sie hatten keine Antwort. Stattdessen sahen sie einander an, als wollten sie wirklich sagen: Oh mein Gott, daran habe ich noch nicht mal gedacht. Deshalb unser Appell: »Hier geht es um das Leben von Kindern. Hier geht es um die Zukunft Amerikas. Hier wird Blut vergossen. *Ihr lasst Kinder sterben.*«

Aber die Wahrheit ist, wir wollten auch nicht über dieses ganze Zeug nachdenken. Wir wurden gezwungen, darüber nachzudenken, weil wir das Inakzeptable nicht akzeptieren konnten. Es hätte uns kaputt gemacht. Und wenn man gezwungen ist, darüber nachzudenken, und allen Verbindungen folgt und sieht, wie alles zusammenhängt, dann wird einem klar, dass es den Leuten an der Macht auch kein bisschen anders geht. Sie sind nur größere Versionen jener Lokalpolitiker, die doch über diese »Pipeline von der Schule ins Gefängnis« Bescheid wissen müssten. Die können nur einfach nicht zugeben, dass sie sich genauso hilflos fühlen.

Deshalb erklären wir ja auch immer wieder, dass es hier nicht um Republikaner und Demokraten geht. Der entscheidende Punkt ist, dass wir alle an einem Strang ziehen. Wir müssen einen Weg finden, der uns als Amerikaner zusammenbringt, anstatt uns zu trennen.

Und um gegen die erwähnte Hilflosigkeit anzugehen, ist es wichtig, erst einmal mit der Arbeit an einem *Teil* des

Problems zu beginnen, damit man eben nicht von einem Problem überwältigt wird, das so groß ist, dass es unlösbar erscheint. Es war eine Kriegswaffe, die das angerichtet hat, deshalb wollen wir an dem Punkt ansetzen. Versteht uns nicht falsch: Wir rebellieren gegen dieses Weltbild, das einen lehrt, Probleme seien nur deshalb unlösbar, weil etwas schon immer so war – aber schickt ruhig weiter die berühmten Gedanken und Gebete. In unserer Stadt stehen wir auf gegen laxe oder nichtvorhandene Waffengesetze, die zulassen, dass Kinder nach wie vor umgebracht werden.

Und so engagieren wir uns für Waffengesetze, die dem gesunden Menschenverstand folgen. Sie sollen das Recht unserer Mitbürger auf Waffenbesitz respektieren, aber gleichzeitig auch das Recht, am Leben zu bleiben. Hier unsere 10-Punkte-Strategie:

1. **Finanzielle Mittel zur Erforschung von Waffengewalt.** Es ist eine der wichtigsten Aufgaben der Regierung, die öffentliche Sicherheit zu gewährleisten. Genau wie wir Datenmaterial bei jeder anderen allgemeinen ernsthaften Gesundheitsgefährdung heranziehen, benötigen wir dies auch beim Thema Waffengewalt, um gute Politik machen zu können.
2. **Digitalisierung der Akten der Sicherheitsbehörde für Alkohol, Tabak, Schusswaffen und Sprengstoff (ATF).** Wir schreiben das Jahr 2018. Warum um Himmels willen sind diese Unterlagen immer noch nur auf Papier verfügbar, als wären wir im Jahr 1918? Um den Zugriff darauf zu erschweren, darum. Aufgabe der ATF

ist es, die Öffentlichkeit zu schützen. Aber mächtige Interessen haben es sich zur Aufgabe gemacht, der ATF ihre Arbeit nach Kräften zu erschweren.

3. **Universelle Background-Checks.** Sie funktionieren und retten Leben – Punkt. Und die überwältigende Mehrheit der Amerikaner ist dafür. Wenn euer Kongressabgeordneter oder Senator nicht aufhört, diese populäre und sinnvolle Maßnahme zu verschleppen, dann wählt diese Leute ab.

4. **Verbot von Hochkapazitätsmagazinen.** Es verletzt niemandes Rechte im Rahmen des Second Amendments, wenn er oder sie innehalten und nachladen muss. Das wird Leben retten.

5. **Verbot von Sturmgewehren.** Diese werden nicht nur bei Amokläufen benutzt, sondern auch überproportional oft bei anderen Gewaltverbrechen. Kriegswaffen haben in unseren Straßen und Schulen nichts zu suchen. Die Gründerväter würden das genauso sehen.

6. **Finanzierung von Interventionsprogrammen.** Das Waffenproblem an der Wurzel anzugehen ist nur ein Teil der Lösung. Wir müssen auch die Akteure vor Ort stärken und erfolgreiche Modelle zur Gewaltprävention fördern, wie zum Beispiel Group Violence Intervention, Cure Violence und die Hospital-based Violence Intervention.

7. **Warnsignal-Gesetze (Extreme Risk Protection Orders – ERPO).** Solche Risikobefugnisse funktionieren. Als man in Connecticut nach Sandy Hook ein solches Gesetz erlassen hat, fanden, nach einem Bericht des *Christian*

Science Monitor, »Polizisten in 99 Prozent der Fälle, in denen eine Risikobefugnis erteilt worden war, mindestens eine Waffe und beschlagnahmten im Durchschnitt sieben Waffen pro Person«.

8. **Ausschluss von Menschen, die aktenkundig häusliche Gewalt verübt haben.** Es gibt ein Bundesgesetz, das einige Täter daran hindert, Waffen zu kaufen, aber es gilt nur für diejenigen, die wegen häuslicher Gewalt gegen einen Ehepartner oder Ex-Ehepartner verurteilt wurden. Nicht bei Gewalt gegen jemand, mit dem sie nur liiert waren. Oder für Stalker.

9. **Eine Lösung auf Bundesebene, um den Schwarzhandel von Waffen zwischen einzelnen Bundesstaaten zu unterbinden.** Laxe Waffengesetze in manchen Staaten machen es sehr einfach, Waffen in einen Bundesstaat mit strengerer Gesetzgebung zu verschieben. Nur Washington kann das lösen.

10. **Sichere Aufbewahrung und verpflichtende Meldung von Diebstahl.** Gesetze zur sicheren Aufbewahrung würden helfen, Kindern den Zugang zu Waffen zu erschweren, gegen Waffendiebstahl wirken und auf diese Weise Leben retten.

Also, machen wir eine 11-Punkte-Strategie daraus, denn dieser Punkt ist vielleicht der wichtigste von allen:

11. **Lasst euch registrieren und geht wählen.**

Diese Punkte sollen nur ein Anfang sein. Wir lernen noch und freuen uns über eure Vorschläge. Geschichten von Kids aus dem ganzen Land haben uns inspiriert, und da sind einige großartige Ideen eingegangen. Natürlich haben wir auch Fehler gemacht, und es werden uns wohl weitere passieren. Aber selbst wenn wir nicht alles richtig gemacht haben, so wissen wir doch, dass unsere Ziele richtig sind. Als unsere Gruppe nach dem Schulmassaker entstand, dachten wir, wir würden uns zusammentun, um aktiv zu werden und die Welt zu verbessern. Wahrscheinlich hätten wir uns unter normalen Umständen nie zusammengetan, aber wir fanden heraus, dass wir alle verschiedene Stärken und Talente hatten. Nach dem *March for Our Lives* teilten wir die Gruppe in Komitees auf, um diese Talente zu maximieren und uns langfristig zu organisieren.

Cameron ist sozusagen unsere Kraftquelle. Er spricht schnell und kriegt Sachen schneller erledigt, als irgendjemand das je für möglich halten würde. Immer pusht er uns, damit wir unser Bestes geben. Ryan ist Meister im Aufschieben. Der größte Aufschieber, der mir in meinem bisherigen Leben begegnet ist. Aber kurz vor knapp leistet er fantastische Dinge. Er benutzt Comedy als Strategie und ist deshalb derjenige, der unsere Gegner mit tausend abartigen Witzen fertigmacht. Delaney ist eine der Fashionistas an unserer Schule, aber auch sehr analytisch und eine der besten Regisseurinnen, die wir je in unserem Medientechnik-Kurs hatten. Jackie ist sozusagen die Präsidentin der 12. Klasse und ein irres Organisations- und Koordinationsgenie. Wenn ihr vier Busse und sechzig oder siebzig Leute für eine Demo auf der anderen Seite des Bundesstaats braucht, dann erledigt sie das. Und Emma ist die Außenseiterin unter den Außenseitern, weil sie eigentlich alles andere als eine Außenseiterin ist. Als einzige Nicht-Typ-A-Persönlichkeit in der Gruppe zeichnet sie sich durch Unerschütterlichkeit und Eloquenz aus. Außerdem ist sie der liebenswerteste Mensch, den man sich vorstellen kann. Sie ist unser Buddha und strahlt friedlich im Mittelpunkt all der sich drehenden Zahnräder.

Anfangs hatten wir keine Ahnung, was wir da machten, aber dann arbeiteten wir derart viel und verlangten uns derart viel ab, dass wir begannen, eins zu werden. Das war so, als wären wir lauter verschiedene Metalle, die in der Hitze schmolzen und zur härtesten Legierung wurden, die es gibt. Unser Zusammenhalt ist unglaublich stark. Wir lieben einander von ganzem Herzen. Irgendwann wurde uns dann klar, dass wir uns, auch wenn es nicht bewusst geplant gewesen war, eine seltsame, höchst intensive selbst gemachte Gruppentherapie zugemutet hatten. Wir trafen uns, weil wir die Welt in Ordnung bringen wollten, und stellten fest, dass es die beste Möglichkeit war, auch uns selbst zu heilen.

Das haben wir zu einem Zeitpunkt gelernt, als unser Leben eigentlich unerträglich war. Wir stellten fest, dass alles mit allem verbunden ist und stellten dann eine Verbindung her, die so wundervoll ist, dass wir zu einer Familie wurden. Auf den Punkt gebracht können wir sagen: Wir haben gelernt, andere dafür zu lieben, was sie sind, anstatt sie für das zu hassen, was sie nicht sind. Und wie die Namensgeberin unserer High School – Marjory Stoneman Douglas, die ihre Welt durch hundertprozentigen Einsatz verändert hat, tagtäglich, als Journalistin, Suffragette und Naturschützerin –

lernen wir, die Welt zu verändern, indem wir einfach davon ausgehen, dass wir das *können.*

Das ist also unsere Antwort auf die unmöglichen Probleme, die wir zu lösen haben. Wir müssen uns zusammentun, um gegen das Chaos zu kämpfen, denn Spaltung ist ja dessen Ursache. Schließt euch uns an. Schaut auf unserer Webseite von *March for Our Lives* nach Aktionen vor Ort, um dort mitzumachen, wo ihr lebt. Weigert euch, zu akzeptieren, was inakzeptabel ist. Lasst euch von niemand einschüchtern und von den Zynikern nicht die Hoffnung nehmen. Habt einander so lieb, wie ihr nur könnt. Hasst einander so wenig wie irgend möglich. Und hört nie, nie auf, mit dem Finger auf den nackten Kaiser zu zeigen.

7.

#NEVERFORGET

Weil wir die Generation nach Columbine sind, sind wir mit den Amokübungen groß geworden, die wir seit jenem schrecklichen Tag kennen, als durch unvorstellbar leistungsstarke Waffen aus dem Amoklauf und der Schießerei an einer Schule ein neues Phänomen wurde. Traurigerweise enthält die hier folgende Liste nur einen Bruchteil derer, die seit Anbruch dieser neuen Zeitrechnung durch Waffengewalt ums Leben kamen. Wir werden keinen Einzigen von ihnen jemals vergessen – ebenso wenig wie diejenigen, die hier nicht aufgeführt sind. Es wird unsere Lebensaufgabe sein, dass diese Liste für alle Zeiten geschlossen wird.

COLUMBINE HIGH SCHOOL
Littleton, Colorado; 20. April 1999

RACHEL SCOTT, 17: »Eine Rose, die aus einer Akelei (engl. *columbine*) erwächst.«

DANIEL ROHRBOUGH, 15: »Computer-Crack.«

WILLIAM »DAVE« SANDERS, 47, LEHRER FÜR WIRTSCHAFT: »Sagt meinen Kindern, dass ich sie liebe.«

KYLE VELASQUEZ, 16: »Träumte davon, wie schon sein Vater zur Navy zu gehen.«

Steven Curnow, 14: »Mom, ich wette, dass nicht viele Jungs so mit ihren Müttern Sachen besprechen können, wie wir das machen.«

Cassie Bernall, 17: »Was würde Jesus tun?«

Isaiah Shoels, 18: »Bushwick.«

Matthew Kechter, 16: »Ein großartiges Vorbild für seinen kleinen Bruder.«

Lauren Townsend, 18: »Alles wird gut.«

John Tomlin, 16: »Ein vollendeter Gentleman.«

Kelly Fleming, 16: »Ich bin nicht mehr schüchtern.«

Daniel Mauser, 15: »Könnte bitte jeder zustimmen, dass niemand alleingelassen werden darf.«

Corey DePooter, 17: Ehrenmitglied des Marine Corps

***Eric Harris, 18**

***Dylan Klebold, 17**

LAKE WORTH MIDDLE SCHOOL
Lake Worth, Florida; 26. Mai 2000

Barry Grunow, 35: »Macht euch wegen des Nachsitzens keine Gedanken.«

* kennzeichnet jeweils den Todesschützen

UNIVERSITY OF ARKANSAS
Fayetteville, Arkansas; 28. August 2000

DR. JOHN R. LOCKE, 67: Institutsleiter der Vergleichenden Literaturwissenschaft und passionierter Turniertänzer.

*JAMES EASTON KELLY, 36

SANTANA HIGH SCHOOL
Santee, Kalifornien; 5. März 2001

BRYAN ZUCKOR, 14: wollte Tierarzt werden

RANDY GORDON, 17: »Träumte davon, zu den Navy SEALs zu gehen.«

UNIVERSITY OF ARIZONA
Tucson, Arizona; 28. Oktober 2002

ROBIN ROGERS, 50: Krankenschwester, Lehrerin und Veteranin der Air Force

CHERYL MCGAFFIC, 44: »Heilende Hände.«

BARBARA MONROE, 45: »Konnte nicht pfeifen, liebte das Singen.«

*ROBERT STEWART FLORES JR., 41

RED LION AREA JUNIOR HIGH SCHOOL
Red Lion, Pennsylvania; 24. April 2003

EUGENE »GENE« SEGRO, 51: »Ich hab gesehen, wie er Kindern, die kein Geld hatten, welches fürs Mittagessen zugesteckt hat.«

*JAMES R. SHEETS, 14

ROCORI HIGH SCHOOL
Cold Spring, Minnesota; 24. September 2003

SETH BARTELL, 14: »Unterm Strich ist er ein Ass in jeder Extremsportart.«

AARON ROLLINS, 17: »Einfach ein echt netter Junge, der gern jagen und fischen ging.«

RED LAKE SENIOR HIGH SCHOOL
Red Lake, Minnesota; 21. März 2005

DERRICK BRIAN BRUN, 28: »Derrick ist mein Held.«

NEVA ROGERS, 62: Brachte für die weniger wohlhabenden Kinder Handschuhe und Schals mit in die Schule.

ALICIA ALBERTA WHITE, 14: Strahlende Persönlichkeit.

THURLENE MARIE STILLDAY, 15: Begeisterte Geschichtenerzählerin.

CHANELLE STAR ROSEBEAR, 15: Ein großes Ojibwe-Sprachtalent.

DEWAYNE MICHAEL LEWIS, 15: Grastänzer bei Powwows.

Chase Albert Lussier, 15: Mit 15 Vater geworden und »liebte sein Baby«.

Daryl »Dash« Lussier, 58: Langjähriger Angehöriger der örtlichen Polizeibehörde.

Michelle Leigh Sigana, 31: Bei ihrer Beerdigung kreiste ein Weißkopfseeadler über dem Friedhof.

***Jeffrey James Weise, 16**

PLATTE CANYON HIGH SCHOOL
Bailey, Colorado; 27. September 2006

Emily Keyes, 16: »Ich liebe euch, Leute.«

***Duane Roger Morrison, 53**

WEST NICKEL MINES SCHOOL
Nickel Mines, Pennsylvania; 2. Oktober 2006

Naomi Rose Ebersol, 7: Starb in den Armen eines State Trooper.

Marian S. Fisher, 13: »Rief: ›Erschieß mich zuerst‹ … damit er mit dieser Kugel niemand anderen erschießen konnte.«

Anna Mae Stoltzfus, 12: »Sagte: ›Erschieß mich als Nächste.‹«

Lena Zook Miller, 7: Hatte an jenem Tag eine brandneue Lunchbox dabei.

Mary Liz Miller, 8: Liebte es, mit ihrem Vater im Garten oder in der Scheune zu arbeiten.

***Charles Carl Roberts IV., 32**

VIRGINIA TECH
Blacksburg, Virginia; 16. April 2007

Christopher James »Jamie« Bishop, 35: »Passionierter Wanderer und Kinogänger.«

Jocelyne Couture-Nowak, 49: Liebte das Leben in zwei Sprachen.

Kevin Granata, 46: »Der Erste, der morgens aufsteht, und der Letzte, der abends geht.«

Liviu Librescu, 76: »Hat das Fokschaner Getto in seinem Geburtsland Rumänien überlebt. Hat sein Leben geopfert, um Studenten zu retten.«

G. V. Loganathan, 53: »Lasst mich euch einen brüderlichen Rat geben …«

Ross Alameddine, 20: »Niemand anderes hat mich im Unterricht so sehr zum Lachen gebracht oder spätabends bereitwillig in die Stadt mitgenommen, um bei einer Pizza tiefgründig Religionsfragen zu diskutieren.«

Brian Bluhm, 25: »Er war ein riesiger Hokie-Fan.«

Ryan »Stack« Clark, 22: Kursleiter Musik bei Camp Big Heart, einer Nonprofit-Organisation, die für körperlich und geistig entwicklungsgestörte Kinder und Erwachsene Sommer-Camps ausrichtet.

Austin Cloyd, 18: »Hat sich jeden Geburtstag gemerkt und Dankeskarten geschrieben.«

Daniel Perez Cueva, 21: »Hat sich immer die Zeit genommen, anderen zu gratulieren und sie anzuspornen.«

Matthew Gwaltney, 24: »Die Art Mensch, den man zu Hause Mom und Dad vorstellen möchte.«

Caitlin Hammaren, 19: »Augen wie funkelnde Diamanten.«

Jeremy Herbstritt, 27: »Er wäre stolz darauf gewesen, dass er ein Leben gerettet hat.«

Rachael Hill, 18: »Besaß die perfekten Schuhe zu so gut wie jedem einzelnen Outfit.«

Emily Hilscher, 19: »Clever wie nur was.«

Matthew La Porte, 20: Mitglied des Reserveoffizier-Ausbildungskorps und posthum mit der Airman's Medal ausgezeichnet.

Jarrett Lane, 22: »Trainer, woran muss ich noch arbeiten, damit wir besser werden?«

Henry »Henh Ly« Lee, 20: »Hat so quasi jeden einzelnen Preis gewonnen, der ausgelobt wurde.«

Partahi »Mora« Lumbantoruan, 34: »Und er hat seine VT-Baseballmütze getragen.«

Lauren McCain, 20: »Liebte jede Art von Musik (außer Country!).«

Daniel O'Neil, 22: »Danatee.«

Juan Ortiz, 26: »Hat Jahr für Jahr zu den Geburtstagen seiner Eltern besondere Aufführungen improvisiert.«

Minal Panchal, 26: »Liebte Gewitter, Kerzenlicht, chinesisches Essen und Kino.«

Erin Peterson, 18: »Himmlischer Tautropfen.«

Michael Pohle Jr., 23: »Er wird für mich für immer der Spaßvogel in der Klasse bleiben.«

Julia Pryde, 23: »Julia-Essen« – Müsliriegel und Bio-Drinks.

Mary Karen Read, 19: »Wenn wir zutiefst verletzt werden, heilt die Wunde nie, wenn wir nicht vergeben.«

Reema Samaha, 18: »Ein Schmetterling. Ein Stern. Eine Blume, die zu früh verwelkt ist.«

Waleed Shaalan, 32: »Genau das schicke ich meiner Ehefrau!«

Leslie Sherman, 20: »Du schaffst das. Es sind nur noch ein, zwei, sechs Meilen.«

Maxine Turner, 22: »Super Sneaky Ninja.«

Nicole White, 20: »Mann, war die voller Liebe.«

***Seung-Hui Cho, 23**

DELAWARE STATE UNIVERSITY
Dover, Delaware; 21. September 2007

Shalita »Cookie« Middleton, 17: »Jetzt, da ich aufs College gehe, habe ich das Gefühl, dass ich über mich selbst noch eine ganze Menge nicht weiß, aber lernen werde.«

LOUISIANA TECHNICAL COLLEGE
Ruston, Louisiana; 8. Februar 2008

Karsheika Graves, 21: »Eine Malerin und angehende Krankenschwester.«

Taneshia »Purity« Butler, 26: »Ist bei Poetry Slams aufgetreten … hat in Farben gelebt und gelacht.«

***Latina Williams, 23**

NORTHERN ILLINOIS UNIVERSITY

Dekalb, Illinois; 14. Februar 2008

CATALINA GARCIA, 20: Wollte Lehrerin werden.

JULIANNA GEHANT, 32: Liebte Kinder, Countrymusik und Turniertänze.

RYANNE MACE, 19: Sie sammelte alles Mögliche. Ihr Vater sagt: »Man wusste nie, womit sie als Nächstes anfangen würde.«

DANIEL PARMENTER, 20: Er hätte am Dienstag nach dem Amoklauf seiner Freundin eine Silberkette schenken wollen.

GAYLE DUBOWSKI, 20: Liebte Musik und hatte zu Hause immer ein Lied auf den Lippen.

*STEVEN KAZMIERCZAK, 27

UNIVERSITY OF CENTRAL ARKANSAS

Conway, Arkansas; 26. Oktober 2008

RYAN HENDERSON, 18: »Immer ein Lächeln im Gesicht.«

CHAVARES BLOCK, 19: »Hat immer ›Yes, Ma'am‹ und ›Yes, Sir‹ gesagt.«

DILLARD HIGH SCHOOL

Fort Lauderdale, Florida; 12. November 2008

AMANDA GRACE COLLETTE, 15: »Gracie-Bärchen.«

HENRY FORD COMMUNITY COLLEGE
Dearborn, Michigan; 10. April 2009

ASIA MCGOWAN, 20: »Einfallsreich, wissbegierig, begabt … Sie war ein Naturtalent.«

*ANTHONY POWELL, 28

WESLEYAN UNIVERSITY
Middletown, Connecticut; 6. Mai 2009

JOHANNA JUSTIN-JINICH, 21: »Yoyo«. »Sie wusste, was du brauchtest. Egal ob es ein Schubs in die richtige Richtung war oder sie einen zum Lachen brachte oder als liebevolle, wunderbare Freundin einfach nur für dich da war.«

APLINGTON-PARKERSBURG HIGH SCHOOL
Parkersburg, Iowa; 24. Juni 2009

ED THOMAS, 58: 2005 von der National Football League als High School-Footballtrainer des Jahres ausgezeichnet.

DISCOVERY MIDDLE SCHOOL
Madison, Alabama; 5. Februar 2010

TODD BROWN, 14: »Scherzt, chillt und lacht.« Hat ein Rap-Album produziert. »Tatsächlich«, sagte ein Freund, »schuldete er mir noch eine CD.«

UNIVERSITY OF ALABAMA IN HUNTSVILLE
Huntsville, Alabama; 12. Februar 2010

Maria Ragland Davis, 50: Molekularbiologin und Pflanzengenetikerin. »Sie war eine der sehr wenigen afro-amerikanischen Wissenschaftlerinnen … Sie war ein großartiges Vorbild.«

Adriel Johnson, 52: Privatdozent der Biologie, ehrenamtlich bei den Boy Scouts. »Adriel war sehr ausgeglichen. Ich glaube, ich habe ihn nie wütend gesehen. Er war immer fröhlich und hat einem die Hand gegeben und Geschichten von seiner Familie erzählt.«

Gopi Podila, 52: Vorsitzender der Fachschaft Biologie. Einmal, nachdem er seinen Studenten erklärt hatte, wie unvorhersehbar das Leben sein kann, »machte er einen verrückten Tanzschritt mit einem Sprung und sagte: ›Seht ihr! Das hättet ihr doch nicht von mir erwartet, oder?‹«

MILLARD SOUTH HIGH SCHOOL
Omaha, Nebraska; 5. Januar 2011

Vicki Kaspar, 58: »Sie hat mich so viel übers Unterrichten gelehrt.«

***Robert Butler Jr., 17**

CHARDON HIGH SCHOOL
Chardon, Ohio; 27. Februar 2012

Danny Parmertor, 16: »Glücklichster Junge auf dem Planeten … war drauf und dran, die Welt zu verändern.«

Demetrius Hewlin, 16: »Er war ein Gesundheitsfanatiker und sein Körper ein Tempel.«

Russell King Jr., 17: »Immer zu einem Lächeln aufgelegt.«

OIKOS UNIVERSITY
Oakland, California; 2. April 2012

Katleen Ping, 24: Der Fels ihrer Familie.

Lydia Sim, 21: Babysitterin an der Hayward Baptist Church. An der Universität belegte sie Kurse für Krankenpflege.

Sonam Chodon, 33: »Sie erzählte mir, sie studiere Krankenpflege, nicht um damit reich zu werden, sondern weil sie wirklich etwas tun wollte, um anderen zu helfen.«

Grace Kim, 23: Träumte davon, eine Familie zu haben.

Doris Chibuko, 40: »Eine sehr, sehr, sehr süße Dame.«

Judith Seymour, 53: »Sie war sehr liebevoll. Sie hatte einfach ein Händchen für alles.«

Tshering Bhutia, 38: Arbeitete unglaublich viel und in den letzten sechs Monaten auch noch als Nachtportier an einer Krankenpflegeschule.

SANDY HOOK ELEMENTARY SCHOOL
Newton, Connecticut; 14. Dezember 2012

Charlotte Bacon, 6: Arbeitete gern mit ihrer Mom im Garten, bat ihren Daddy darum, gekitzelt oder auf den Arm genommen zu werden, ahmte ihren großen Bruder nach und kuschelte mit dem Familienhund.

Daniel Barden, 7: »Er und ich kamen ins Haus zurück, und ich sagte: ›Schau mal, die Sonne ist noch gar nicht aufgegangen. Du kannst noch mal zurück ins Bett und ein bisschen weiterschlafen, wenn du magst.‹ Und er sagte: ›Nein, Daddy, jetzt haben wir mehr Zeit zum Kuscheln.‹ Und genau das haben wir dann gemacht.«

Rachel D'Avino, 29: »Der Ring, den ihr Freund ihr schenken wollte und der einmal seiner Großmutter gehört hatte, wurde ihr an den Finger gesteckt, bevor man sie begrub.«

Olivia Engel, 6: »Bei der Aufführung sollte sie ein Engel sein«, sagte Msgr. Robert Weiss seiner Gemeinde in der katholischen Kirche St. Rose of Lima am Samstag. »Jetzt ist sie oben im Himmel ein Engel.«

Josephine »Joey« Gay, 7: Joey liebte »alles, was violett war«, da »sie in einer Familie von Ravens-Fans aufwuchs«.

Dylan Hockley, 6: »Dylan's Wings of Change«, Schwingen der Veränderung, so heißt die in seinem Namen gegründete Wohltätigkeitsorganisation. Liebte »die Farbe Lila, den Mond anzusehen und seine Lieblingsspeisen zu essen, vor allem Schokolade«.

Dawn Hochsprung, 47: »Sie hätte sich auf jeden gestürzt, der versucht hätte, ihren Kindern ein Leid anzutun.«

Madeleine Hsu, 6: Eine begeisterte Leserin, die auch Laufen und Tanzen liebte.

Catherine Hubbard, 6: Fasziniert von Haus- und Wildtieren. Insekten flüsterte sie zu: »Sagt all euren Freunden, ich tue euch nichts.«

Chase Kowalski, 7: »Amazing Chase.«

Jesse Lewis, 6: »Die Waffe von Adam Lanza klemmte, nachdem er in Jesse Lewis' Klassenzimmer an der Sandy Hook Elementary School gestürmt war und die Lehrerin Victoria Soto erschossen hatte. Jesse sah seine Chance. Er schrie es seinen Klassenkameraden, die sich an den Händen haltend in eine Ecke drängten, zu. Sechs Kinder flohen aus dem Klassenraum und schafften es, sich in Sicherheit zu bringen. Er brüllte: ›Lauft!‹«

Ana Márquez-Greene, 6: »Ihre Fortbewegungsart war das Tanzen. Sie tanzte von einem Raum zum nächsten, von Ort zu Ort. Sie tanzte zu all der Musik, die sie hörte, egal ob sie wirklich ertönte oder nur in ihrem Kopf war.«

James Mattioli, 6: »James sang, manchmal laut, manchmal in der Dusche und manchmal leise, nur für sich selbst, bevor er einschlief.«

Grace McDonnell, 7: »Gracie girl«. Beim Leuchtturm.

Anne Marie Murphy, 52: »Künstlerisch begabt, humorvoll, geistreich und fleißig.«

Emilie Parker, 6: Ein ungesehener Engel.

Jack Pinto, 6: New York Giants – Football war seine erste Liebe und Victor Cruz sein Idol.

Noah Pozner, 6: Liebte es zu lesen und rauszukriegen, wie mechanische Sachen funktionierten. Seine beste Freundin war seine Zwillingsschwester.

Caroline Previdi, 6: »Walkers kleiner Schatten.«

Jessica Rekos, 6: »CEO der Familie.«

Avielle Richman, 6: Das einzige Mädchen im Camp. »Avielle kannte alle Parks und Spielplätze, spielte Fußball und hatte einen ziemlich einzigartigen Namen. Sie hatte sich daran gewöhnt, den Leuten bei der richtigen Aussprache zu helfen. Sie sagte dann immer ›Ah-Vii-Elle‹ und buchstabierte stolz ›A-V-I-E-L-L-E‹.«

Lauren Rousseau, 30: Sie nannte ihn »Lovie«, er nannte sie »Busy Bee«.

Mary Sherlach, 56: Lief direkt in die Schusslinie.

Victoria »Vicki« Soto, 27: »Ich sagte immer zu ihr, wann wird man dich wohl je für erwachsen halten. Und dann sagte sie, nie.«

Benjamin Wheeler, 6: Liebte die Beatles, Leuchttürme und die Linie 7 nach Sunnyside, Queens.

Allison »Allie« Wyatt, 6: Sie zögerte nicht, ihre Goldfisch-Cracker mit jemand Fremdem zu teilen.

Nancy Lanza, 52

***Adam Lanza, 20**

SANTA MONICA COLLEGE
Santa Monica, California; 7. Juni 2013

Carlos Navarro Franco, 68: »Ich möchte, dass du weißt, ich liebe dich immer noch.«

Marcela Dia Franco, 26: »Daddy's Girl.«

Margarita Gomez, 67: »Sie hatte den akademischen Ehrenkodex verinnerlicht.«

Samir Zawahiri, 55

Christopher Zawahiri, 25: »Immer lachend, immer lächelnd.«

*John Zawahiri, 23

SPARKS MIDDLE SCHOOL
Sparks, Nevada; 21. Oktober 2013

Michael Landsberry, 45: »Er stellte mir meinen Kaffeebecher hin und klebte einen Zettel drauf, auf den er geschrieben hatte, ›Hey, meine wunderschöne Frau‹ oder ›Hab einen schönen Tag, ich liebe dich‹. Immer etwas anderes.«

*Jose Reyes, 12

ARAPAHOE HIGH SCHOOL
Centennial, Colorado; 13. Dezember 2013

Claire Davis, 17: »Beste Babysitterin unserer Gegend.«

*Karl Pierson, 18

MARYSVILLE PILCHUCK HIGH SCHOOL
Marysville, Washington; 24. Oktober 2014

Zoë Galasso, 14: Mochte Livemusik und Ausflüge mit dem Auto. Liebte Fußball.

Gia Soriano, 14: Wollte Tierärztin werden. »Ruhiges Mädchen mit einem strahlenden Lächeln.«

Shaylee Chuckulnaskit, 14: »Eine extrovertierte und selbstbewusste Athletin, die auch albern sein konnte, tief gläubig und eine Kämpferin.«

Andrew Fryberg, 15: Angehöriger des Stamms der Tulalip. »Er liebte Football, Wrestling und draußen zu sein.«

***Jaylen Fryberg, 15**

UMPQUA COMMUNITY COLLEGE
Roseburg, Oregon; 1. Oktober 2015

Lucero Alcaraz, 19: »Sie hatte ein großes Herz und wirkte auf mich immer sehr gelassen. Sehr hübsch. Und klug.«

Treven Taylor Anspach, 20: »Behielt immer einen kühlen Kopf.«

Rebecka Carnes, 18: Liebte Camping und Offroad-Fahren in den Bergen.

Quinn Cooper, 18: Liebte Tanzen.

Kim Saltmarsh Dietz, 59: »Viele Jahre lang Verwalter bei den Pyrenees Vineyard and Cellars.«

Lucas Eibel, 18: Ein Vierling mit zwei Brüdern und einer Schwester. Ein Future Farmer of America, der ehrenamtlich im lokalen Tierheim arbeitete.

Jason Dale Johnson, 34: »Gern makellos gekleidet und mit einem Faible dafür, Dinge ohne Anleitung zu reparieren.«

Lawrence Levine, 67: »Schrieb Romane, lebte in einer gemieteten Hütte am North Umpqua River und liebte Fliegenfischen.«

Sarena Dawn Moore, 44: »Glaubte an die Kraft des Gebets.«

*Christopher Harper-Mercer, 26

INDEPENDENCE HIGH SCHOOL
Glendale, Arizona; 12. Februar 2016

May Kieu, 15: »Ich glaube, May wollte, dass wir glücklich sind. Sie ist ein glückliches Mädchen. Traurigkeit mag sie nicht.«

*Dorothy Dutiel, 15

TOWNVILLE ELEMENTARY SCHOOL
Townville, South Carolina; 28. September 2016

Jacob Hall, 6: »Er war sehr stark … Mein Superheld.«

Jeffrey Osborne, 47

NORTH PARK ELEMENTARY SCHOOL
San Bernardino, California; 10. April 2017

Karen Smith, 53: »Sie widmete ihr Leben ihren Schülern.«

Jonathan Martinez, 8: »Ich kenne ihn, weil er eines Tages einfach auf mich zukam und sagte: ›Können wir Freunde sein?‹«

*Cedric Anderson, 53

NORTH LAKE COLLEGE
Irving, Texas; 4. Mai 2017

Janeera Nickol Gonzalez, 20: Sie hat sich selbst Ukulele-, Gitarre- und Geigespielen beigebracht.

***Adrian Victor Torres, 21**

GRAMBLING STATE UNIVERSITY
Grambling, Louisiana; 25. Oktober 2017

Earl Andrews, 23: »Jedes Mal, wenn wir miteinander sprachen, sagte er: ›Ich hab dich lieb, Schwesterchen.‹«

Monquiarious Caldwell, 22: »Für uns war er etwas Besonderes, weil er so zielstrebig war.«

AZTEC HIGH SCHOOL
Aztec, New Mexico; 7. Dezember 2017

Casey Jordan, 17: Sie hatte geplant, mit ihrem Cheerleading-Team nach Florida zu reisen, um dort beim Orange Bowl aufzutreten.

Francisco »Paco« Fernandez, 17: Er liebte es, Sport zu treiben, und liebte die New England Patriots und Oklahoma City Thunder.

***William Atchison, 21**

MARSHALL COUNTY HIGH SCHOOL
Benton, Kentucky; 23. Januar 2018

Bailey Holt, 15: »Sie hatte sich schon entschieden, von Beruf Hebamme zu werden.«

Preston Cope, 15: »Er liebte es, im Freien zu sein. Unsere Jungs haben Videospiele, PlayStations und ein Spielzimmer. Er war lieber im Wald.«

MARJORY STONEMAN DOUGLAS HIGH SCHOOL
Parkland, Florida; 14. Februar 2018

Alyssa Alhadeff, 14: Nr. 8 der Fußballmannschaft. Sie fing die Saison im Jugendteam an, wurde aber gegen Ende ins Varsity Team, also die erste Mannschaft der Schule, berufen.

Scott Beigel, 35: Trainer für Cross-Country. Erschossen, als er sein Klassenzimmer aufsperrte, damit Schüler darin vor dem Täter Schutz suchen konnten. Betreuer im Camp Starlight in Pennsylvania.

Martin »Junior« Duque Anguiano, 14: Kleiner Bruder. »Er war ein sehr witziger Junge. Aufgeschlossen, aber manchmal auch ganz ruhig. Er war liebenswert und fürsorglich, und seine ganze Familie hat ihn geliebt.«

Nicholas Dworet, 17: Kapitän des Schwimmteams der 12. Klasse. »Träumte davon, es in die Olympiamannschaft zu schaffen und 2020 an den Olympischen Spielen in Tokio teilzunehmen.« »Er glaubte, alles erreichen zu können, wenn er sich nur bemühte, sein Bestes zu geben.«

Aaron Feis, 37: Feis starb, weil er versuchte, Schüler mit seinem Körper zu schützen, als der Täter das Feuer eröffnete. »Er starb so, wie er gelebt hat – sich selbst an die zweite Stelle setzend.« Der Schüler und Footballspieler Chad Lyons sagte über Feis, er sei während seiner Leukämiebehandlungen für ihn da gewesen.

Jaime Guttenberg, 14: Eine Tänzerin, die nach Aussage ihres Vaters »das Leben einer Party« war. Wollte, wenn sie erst erwachsen wäre, Mutter und Ergotherapeutin werden. Ihre Lieblingsfarbe war Orange.

Christopher Hixon, 49: Wrestlingtrainer und Sportdirektor. Hatte in der U.S. Navy gedient. Getötet beim Kontrollgang über das Schulgelände. Seine Frau Debra sagte: »Er betrachtete jeden dieser Schüler als sein Kind.«

Luke Hoyer, 15: »Ein toller Mensch. Immer fröhlich, immer lächelnd. Sein Lächeln war genauso ansteckend wie sein Lachen.« Liebte Basketball, seine Familie, seine Hunde, seine Freunde, Videospiele, Chicken Nuggets und »Süßigkeiten aller Art«.

Cara Loughran, 14: Tanzte an der Drake School of Irish Dance in South Florida. »Sie war eine ausgezeichnete Schülerin, liebte den Strand und ihre Cousinen und Cousins.«

Gina Montalto, 14: Mitglied der Marschkapelle ihrer Schule, mit der sie die Meisterschaft im Bundesstaat gewonnen hatte.

Joaquin »Guac« Oliver, 17: Joaquin wurde im Januar 2017 amerikanischer Staatsbürger, nachdem er im Alter von drei Jahren aus Venezuela in die USA gekommen war. Seine Interessen: Football, Basketball, die Fußballnationalmannschaft von Venezuela, Graffiti und Hiphop. »Er war der einzige Jugendliche, dem man zutrauen konnte, sich die Haare weißblond und mit ein paar Tigerstreifen zu färben, nur weil das sonst keiner machte. Er war ein einzigartiger Typ.«

Alaina Petty, 14: Sie engagierte sich im Programm »Helping Hands« der Kirche Jesu Christi der Heiligen der Letzten Tage.

Meadow Pollack, 18: »Nichts macht mich glücklicher als meine Grandma und ihr Lächeln.« Sie hatte vor, die Lynn University in Boca Raton zu besuchen.

Helena Ramsay, 17: »Auch wenn sie ein bisschen zurückhaltend war, schien ihre Motivation, was das Lernen anging, unerschöpflich. Ihre sanfte, warmherzige Art brachte bei allen, die sie kannten, die besten Seiten zum Vorschein.«

Alexander Schachter, 14: Spielte im Orchester Posaune und in der Marschkapelle Baritonsaxofon. »Arbeitete hart dafür, sich seinen Platz in der Band mit ihren 200 Mitgliedern zu verdienen.«

Carmen Schentrup, 16: Eine von 53 Schülerinnen im Halbfinale für das National Merit Stipendienprogramm in Broward County. Spielte im Orchester Geige. Ihre Eltern spendeten Carmens gesamte Ersparnisse – 5.628,84 Dollar – der ALS-Stiftung. »Carmen, du fehlst mir so. Mit deiner blaugrünen Strähne, der Lederjacke und dem roten Lippenstift sahst du so cool aus.«

Peter Wang, 15: Angehöriger des Junior Reserve Officers' Trainings Corps von Douglas. Zuletzt hielt er in seiner Uniform anderen die Tür auf, damit sie fliehen konnten. Posthum in die Militärakademie von West Point aufgenommen.

CENTRAL MICHIGAN UNIVERSITY
Mountpleasant, Michigan; 2. März 2018

James Davis Sr., 48: 24 Jahre und sieben Monate lang Angehöriger der Nationalgarde von Illinois.

Diva Jeneen Davis, 47: Hatte Brustkrebs im Stadium 4 überlebt.

HUFFMAN HIGH SCHOOL
Birmingham, Alabama; 7. März 2018

Courtlin Arrington, 17: Hatte gerade eine Zusage für die Krankenpflegeschule bekommen. »Sie hatte sich viel vorgenommen und alles lief wie geplant.«

GREAT MILLS HIGH SCHOOL
Greatmills, Maryland; 20. März 2018

Jaelynn Rose Willey, 16: »Backte die besten Chocolate-Chip-Cookies aller Zeiten.«

***Austin Wyatt Rollins, 17**

Solltet ihr Fragen haben oder uns etwas schreiben wollen, dann kontaktiert uns bitte über neveragain@penguinrandomhouse.com.

DANK

Wir möchten uns bei den großartigen, fantastischen Freunden unserer *March for Our Lives*-Familie bedanken:

Delaney Tarr, John Barnitt, Sarah Chadwick, Charlie Mirsky, Adam Alhanti, Alex Wind, Diego Pfeiffer, Bradley Thornton, Jaclyn Corin, Sofie Whitney, Kevin Trejos, Daniel Duff, Chris Grady, Dylan Baierlein, Kirsten McConnell, Matt Deitsch, Ryan Deitsch, Daniel Williams, Alfonso Calderon, Sam Deitsch, Brendan Duff, Cameron Kasky, Kaylyn Pipitone und Emma González.

Wir danken auch unseren Eltern Rebecca Boldrick and Kevin Hogg für alles und immer.

Ein Dankeschön geht an alle bei Random House für ihr aufrichtiges Engagement, um dieses Buch trotz des sehr engen Zeitplans zu ermöglichen.

Wir danken Chayenne Skeete, Sophie Guimaraes und Andrew Chaikivsky, die für das Kapitel #NEVERFORGET recherchiert haben. Dank gebührt außerdem John H. Richardson für seine große Hilfe, unserem Agenten David Granger und unserem Lektor Mark Warren.

Und ein besonderes Dankeschön an euch und alle da draußen, die sich für eine Veränderung zum Besseren engagieren.

ALLE TWITTERMELDUNGEN AUF DEUTSCH

Seite 74: Niemand sollte heute mit seinen Freunden reden und morgen ihre Gesichter im Fernsehen sehen. Das ist inakzeptabel. Es muss sich was ändern. Ich bin 14, und niemand sollte jemals so was durchmachen müssen. Bitte tut was! Wir brauchen keinen Trost, wir brauchen Veränderung.

Seite 75: Wir brauchen keinen Trost, wir brauchen Veränderung. Die ereignisse vom Mittwoch sind eine direkte Folge der Untätigkeit der Politiker und ihres Widerwillens irgendwas zu tun, was ihren politischen und gesellschaftlichen Status gefährden könnte. Wir dürfen nicht nur eine weitere Nummer sein

Seite 76/77: One America News @OANN Könnte es sein dass dieser Schüler seinen Dad deckt der als FBI-Agent in der Außenstelle Miami arbeitet die es verbockt hat den Mann hinter dem Massaker am Valentinstag aufzuspüren? Nur so eine Frage. Wenn man ein paar Punkte verbindet …

Seite 78: Hey FLOTUS Sie sagen, Ihre Mission als First Lady sei es, Cybermobbing zu bekämpfen, also wäre es dann nicht schlau gewesen, ein Wörtchen mit Ihrem Stiefsohn @DonaldJTrumpJr zu reden, bevor er ein Post gelikt hat, das eine falsche Verschwörungstheorie verbreitet und mich zur Zielscheibe macht

Seite 79: @KelliPrewitt Dein Ernst wie du jede Firma anschwärzt, die die NRA unterstützt? Sagt genau die richtige. kopfschüttel

Seite 79: @spoutsmith Und eines Tages, wenn die Regierung tyrannisch geworden ist, wirst du eine Waffe brauchen (oder du wirfst einfach mit Steinen nach den Milizen)! DUMMKOPF … Es dreht sich nicht alles um diesen einen Moment in deinem Leben. Krieg deinen Scheiß besser mal in den Griff, kleines Mädchen.

Seite 101: Lorin S.: »Das ist der krasseste Fake seit Sandy Hook.«

Seite 101: Michael Payton: »Er ist ein Betrüger und sollte für diesen Schwindel zulasten Amerikas in den Knast wandern.«

Seite 101: MarkII691: »Krisenschauspieler Krisenschauspieler Krisenschauspieler Krisenschauspieler Krisenschauspieler Krisenschauspieler Krisenschauspieler Krisenschauspieler Krisenschauspieler Krisenschauspieler Krisenschauspieler Krisenschauspieler Krisenschauspieler Krisenschauspieler Krisenschauspieler Krisenschauspieler«

Seite 103: Nur um es klar zu sagen, @davidhogg111 könnte nicht mal schauspielern, um sein Leben zu retten. Dass einige Leute denken, er würde dafür bezahlt, ist urkomisch.

Seite 105: Wir sollten das AR-15 umbenennen in »Marco Rubio«, weil man sie beide so einfach kaufen kann.

Seite 105: WIE TEENAGER MIT UND ÜBER ERWACHSENE REDEN: »Wir sollten das AR-15 umbenennen in ›Marco Rubio‹, weil man sie beide so einfach kaufen kann«, twittert Stoneman Douglas Sophomore Sarah Chadwick.

Seite 106: Ich bin Junior.

Seite 108: Die Zeit, die ich heute mit couragierten Schülern, Lehrern und Eltern verbracht habe, werde ich nie vergessen. So viel Liebe inmitten all des Schmerzes. Wir dürfen sie nicht im Stich lassen. Wir müssen unsere Kinder beschützen!!

Seite 108: Viele verstehen nicht oder wollen nicht verstehen, dass Wayne, Chris und die Jungs, die bei der @NRA so hart arbeiten, großartige Leute und großartige amerikanische Patrioten sind. Sie lieben unser Land und werden das Richtige tun. MAKE AMERICA GREAT AGAIN!

Die amerikanische Originalausgabe erschien im Juni 2018 unter dem Titel »#NEVERAGAIN. A new generation draws the line« bei Random House, New York.

Sollte diese Publikation Links auf Webseiten Dritter enthalten, so übernehmen wir für deren Inhalte keine Haftung, da wir uns diese nicht zu eigen machen, sondern lediglich auf deren Stand zum Zeitpunkt der Erstveröffentlichung verweisen.

Dieses Buch ist auch als E-Book erhältlich

MIX
Papier aus verantwortungsvollen Quellen
FSC® C014496
FSC www.fsc.org

Verlagsgruppe Random House FSC-DEU-001967

1. Auflage
Deutsche Originalausgabe Juni 2018
Copyright © der Originalausgabe 2018 by David Hogg and Lauren Hogg
Copyright © der deutschsprachigen Ausgabe 2018
by btb Verlag, München,
in der Verlagsgruppe Random House GmbH,
Neumarkter Straße 28, 81673 München
Umschlaggestaltung: semper smile/München
Cover design: Anna Bauer Carr
Cover photograph: Matt McClain/The Washington Post, via Getty Images
Photo auf der Doppelseite: Chip Somodevilla/Getty Images
Satz: Buch-Werkstatt GmbH, Bad Aibling
Druck und Einband: GGP Media GmbH, Pößneck
RK/MK · Herstellung: Han
Printed in Germany
ISBN 978-3-442-71796-5

www.btb-verlag.de
www.facebook.com/btbverlag